FRIEDRICH WILHELM JOSEPH SCHELLING

Aphorismen über die Naturphilosophie

Mit einer Einleitung und Anmerkungen
herausgegeben von
FABIAN MAUCH

FELIX MEINER VERLAG
HAMBURG

PHILOSOPHISCHE BIBLIOTHEK BAND 713

Bibliographische Information der Deutschen Nationalbibliothek

Die Deutsche Nationalbibliothek verzeichnet diese Publikation in der Deutschen Nationalbibliographie; detaillierte bibliographische Daten sind im Internet über <http://portal.dnb.de> abrufbar.

ISBN: 978-3-7873-3443-8
ISBN eBook: 978-3-7873-3444-5

 Satz: post scriptum, Vogtsburg-Burkheim / Hüfingen. Druck: Strauss, Mörlenbach. Bindung: Litges & Dopf, Heppenheim. Gedruckt auf alterungsbeständigem Werkdruckpapier, hergestellt aus 100 % chlorfrei gebleichtem Zellstoff. Printed in Germany.

Inhalt

Anhang

Einleitung

Die ganze Welt liegt gleichsam in den Netzen des Verstandes

Das Selbstreflexivwerden dessen, was wir heute unter Aufklärung verstehen, vollzieht sich in einem immer drängenderen Ausloten dessen, was Kant in die drei berühmten Fragen fasst: Was kann ich wissen? Was soll ich tun? Was darf ich hoffen? und die zusammenschießen in der einen Frage: Was ist der Mensch? Wenn heute gerade Kant im alltäglichen Bewusstsein für den Inbegriff einer »humanistischen« Sicht auf den Menschen als selbstbestimmtes und vernunftbegabtes Wesen steht, so deutete sich in seinem Denken jedoch vor allem eines an: nämlich der Beginn einer umfassenden Krise eben dieser Selbstsicht. Als Reaktion darauf kann man den Deutschen Idealismus verstehen.

Für die Generation Fichtes, Schellings und Hegels hatte der »Alleszermalmer« (Mendelssohn) aus Königsberg nämlich vor allem einen Trümmerhaufen hinterlassen. Dies mag aus heutiger Sicht zunächst verwundern, wird aber deutlicher, wenn man sich die Implikationen der kantischen Erkenntnistheorie klarmacht, die auf viele Leser eine geradezu erschütternde Wirkung hatte. »Wenn alle Menschen statt der Augen grüne Gläser hätten«, schrieb Kleist in jenem berühmten Brief an seine Verlobte Wilhelmine von Zenge, »so würden sie urteilen müssen, die Gegenstände, welche sie dadurch erblicken sind grün – und nie würden sie entscheiden können, ob ihr Auge ihnen die Dinge zeigt, wie sie sind, oder ob es nicht etwas zu ihnen hinzuthut, was nicht ihnen, sondern dem Auge gehört.«[1] Ohne der vieldis-

[1] Kleist an Wilhelmine von Zenge, Brief vom 22. März 1801, in: Heinrich von Kleist, Sämtliche Werke und Briefe, hg. v. Ilse-Marie Barth, Klaus

kutierten Frage nachzugehen, auf welche Stelle Kleist hier im Einzelnen anspielt, lässt sich dennoch sagen, dass er damit den Nerv vieler Zeitgenossen traf.

Kants Philosophie, das muss aus heutiger Perspektive betont werden, übte ihre Anziehungskraft nicht der Sicherheit wegen aus, die sie bot, sondern vielmehr aufgrund der Probleme, die sie in unüberbietbarer Klarheit aufgeworfen hatte. Die Transzendentalphilosophie, so schien es, hatte die Grenzen der menschlichen Erkenntnis ein für alle Mal gezogen. Für Schelling bedeutete das ebenso wie für Kleist, sich mit einer unhintergehbaren Spaltung der Welt in ein »an sich« und ein »für uns« abfinden zu müssen – oder aber diese Spaltung als Ausgangspunkt für deren Überwindung zu begreifen.

Die Formen der Anschauung, so Kant, beziehen sich auf die Welt des Phänomenalen, nicht des Noumenalen. Eine solche Annahme jedoch führt, wie Manfred Frank eindrücklich dargestellt hat,[2] zu einer Reihe von grundsätzlichen Problemen: Erstens stellt sich die Frage, wie eine Wissenschaft von den Anschauungsformen überhaupt möglich sein kann, wenn diese gar nicht den Gesetzen des Phänomenalen unterliegen (da sie dieses ja überhaupt erst für uns strukturieren). Dieser Einwand war u.a. bereits von Jacobi vorgebracht worden und verschärfte sich in den Werken Fichtes und Schellings zu einer radikalen Kritik der Transzendentalphilosophie. Während die Formen der Anschauung laut Kant »bloß Mannigfaltiges«, nicht »aber Einheit der Vorstellung«[3] liefern, wird diese Einheit erst durch die Leistung des Verstandes erzeugt. Daraus ergibt sich das zweite Problem: nämlich die Frage nach der Natur unseres Selbstbewusstseins. Wenn alle Erkenntnis auch im Sinn-

Müller-Salget, Stefan Ormanns u. Hinrich C. Seeba, Bd. 1: Briefe von und an Heinricht von Kleist 1793–1811, Frankfurt am Main 1997, S. 205.

[2] Vgl. Manfred Frank, Eine Einführung in Schellings Philosophie, Frankfurt am Main [5]2016 [1985], S. 27 f., 30 f., 35–38.

[3] KrV, B 161 (§ 26, Anm 1).

lichen anhebt, so ist sie dennoch immer schon Produkt einer Verarbeitung dieser sinnlichen Eindrücke durch den Verstand. Kant bezeichnet diese beiden Quellen unserer Erkenntnis (also Sinnlichkeit und Verstand) als »Stämme«. Deren Einheit verbürge die »transzendentale Synthesis der Apperzeption«, also: die Einheit unseres Selbstbewusstseins. Geht man jedoch mit Kant von zwei solchen Stämmen der Erkenntnis aus, so ergibt sich die Schwierigkeit, beide als gleichursprünglich setzen zu müssen. Daraus aber würde folgen, dass es sich bei der »Einheit des Selbstbewusstseins« gar nicht eigentlich um eine solche handeln kann. Vielmehr wäre dieses als eine Konstellation mehrerer nicht weiter zurückführbarer Momente zu denken. Das einheitliche Strukturprinzip unserer Wahrnehmungswelt ginge damit verloren. Drittens – und auf diesen Einwand gründete sich insbesondere Fichtes gesamte Philosophie vom *Versuch einer Critik aller Offenbarung* (1792) bis zu den einzelnen Fassungen der *Wissenschaftslehre* – bedeutet die Annahme eines unerkennbaren Dings an sich eine mit dem Freiheitsprinzip nicht vereinbare Beschränkung der Würde des Menschen.

Schelling bezog aus diesen Schwierigkeiten den Ausgangspunkt für das, was später unter dem Namen »Identitätsphilosophie« bekannt werden sollte. Die Transzendentalphilosophie betrachtete er nicht als Abschluss, sondern als Herausforderung zu einer radikalen Neubegründung der Philosophie selbst: »Kant hat die Resultate gegeben: die Prämissen fehlen noch. Und wer kann Resultate verstehen ohne Prämissen?«[4] Die Grundproblematik von Kants »Resultaten« fasst Schelling später noch einmal, und zwar in den Münchener Vorlesungen *Zur Geschichte der neueren Philosophie* (1833/34), in einem anschaulichen Bild zusammen:

[4] Schelling an Hegel, Brief vom 6. Januar 1795, in: F.W.J. Schelling: Briefe und Dokumente, hg. v. Horst Fuhrmanns. 3 Bände. Bonn 1962–1975, Bd. 2, S. 57.

»Die ganze Welt liegt gleichsam in den Netzen des Verstandes oder der Vernunft, aber die Frage ist eben, wie sie in diese Netze gekommen sey, da in der Welt offenbar noch etwas anderes und etwas mehr als bloße Vernunft ist, ja sogar etwas über diese Schranken Hinausstrebendes.«[5]

Zum biographischen Hintergrund

Friedrich Wilhelm Joseph Schelling (1775–1854) wurde am 27. Januar 1775 als zweites von insgesamt vier Kindern des evangelischen Pfarrers Joseph Friedrich Schelling (1735–1812) und dessen Frau Gottliebin Maria, geb. Cless (1746–1818) in Leonberg geboren. Seine Kindheit verbrachte er im nahe Tübingen gelegenen Bebenhausen. Nach dem Besuch der Lateinschule in Nürtingen (1784–1786) und des Höheren Seminars im Kloster Bebenhausen wurde dem hochbegabten Jugendlichen im Alter von nur fünfzehn Jahren (1790) ausnahmsweise der Eintritt ins Tübinger Stift gewährt, wo er sich die Stube mit Hegel und Hölderlin teilte. Im Anschluss an die im Stift vorgeschriebenen Einführungsveranstaltungen in Philosophie, Geschichte, Physik und Bibelexegese[6] begann Schelling mit dem Studium der Theologie, das er nach zwei Jahren mit der Magisterdissertation abschloss.[7] Das theologische Examen bestand er drei Jahre später mit einer Arbeit *De Marcione Paullinarum epistolarum emendatore* (»Über Marcion als Emendator der Paulinischen Briefe«), in der er sich mit dem christlichen Gnostiker Markion (ca. 85–

[5] Zur Geschichte der Neueren Philosophie. Münchener Vorlesungen. (Aus dem handschriftlichen Nachlaß), in: Friedrich Wilhelm Joseph von Schellings sämmtliche Werke. Erste Abtheilung. Zehnter Band, hg. v. K. F. A. Schelling. Stuttgart/Augsburg 1861, S. 1–200, hier: 143.

[6] Vgl. Frank, Eine Einführung in Schellings Philosophie, S. 12.

[7] Der Titel der Arbeit lautete: *Antiquissimi de prima malorum humanorum origine philosophematis Genes. III. explicandi tentamen criticum et philosophicum.*

160) beschäftigte. Als wichtigstes Ergebnis dieser Jahre darf jedoch die Auseinandersetzung mit den Werken Kants und dessen selbsterklärtem Nachfolger Fichte gelten, als dessen Schüler sich auch Schelling noch längere Zeit sah.

In das Jahr 1793, d.h. noch in die Zeit im Tübinger Stift, fällt die Abfassung des eigentlichen philosophischen Erstlings *Über Mythen, historische Sagen und Philosopheme der ältesten Welt*. Dieser nimmt thematisch bereits eines der späteren Grundmotive vorweg, nämlich die Vorstellung, dass der Geist nicht in einem Bestand unveränderlicher Wesenheiten, sondern vielmehr in seiner Genetik zu erforschen sei: das Denken nicht als Gegenstand einer Geschichtsphilosophie, sondern Philosophie selbst als Geschichte, als Erzählung: als Mythos.[8]

1794 erscheint *Über die Möglichkeit einer Form der Philosophie überhaupt* und im März des darauffolgenden Jahres schließt sich mit *Vom Ich als Prinzip der Philosophie* der wichtigste Text aus dieser »fichteschen« Periode an. Nach dem Abschluss seines Theologiestudiums spielt Schelling kurzzeitig mit dem Gedanken, sich als freier Schriftsteller in Hamburg niederzulassen[9] – nimmt dann aber letzten Endes doch eine Stelle als Hauslehrer der Barone von Riedesel an, die er 1796 nach Leipzig begleitet.

Kurz nach seiner Ankunft in der Universitätsstadt führt er sich dort bei dem Verfasser der *Philosophischen Aphorismen* und Dekan der Medizinischen Fakultät Ernst Platner (1744–1818)

[8] Ein Anklang daran findet sich auch in den *Aphorismen*: »Wie in den Sagen dichterischer Vorwelt nach der Gewalt des Chaos und nachdem das Formlose, Ungeheure verdrungen ist, das milde Reich seliger und bleibender Götter beginnt: so mag die Betrachtung Klarheit, Einklang und Bestand der Dinge schauen, nur nachdem sie in der Unendlichkeit des Daseyns auch die Einheit des ewigen Erzeugers erkannt hat.« (XV). Neben Identitäts- und Freiheitsphilosophie bildet dieses Thema die dritte große Linie in Schellings Denken, die bekanntermaßen ihren bedeutendsten Niederschlag in den *Weltaltern* fand.

[9] Bernhard Krabbe, Die »Jahrbücher der Medicin als Wissenschaft« (1805–1808), Inaugural-Dissertation, Westfälische Wilhelms-Universität 1984, S. 27.

ein, der hier neben Medizin auch Philosophie lehrt. Die Zeit in Leipzig nutzt Schelling überdies, um sich mit der zeitgenössischen Literatur zur Physik, Chemie und Philosophie in »umfassender Weise« vertraut zu machen.[10] Im Mai des Jahres 1798 findet die erste Begegnung mit Goethe in Jena statt. Schon einen Monat später erhält Schelling mit dessen Unterstützung einen Ruf an die Universität Leipzig, wo er noch im Herbstsemester mit den Vorlesungen beginnt. Im selben Jahr erscheint auch die bedeutsame Schrift *Von der Weltseele*, in der Schelling antike und zeitgenössische (vor allem an Goethe angelehnte) Vorstellungen zum Bild eines lebendigen und in sich verbundenen Naturorganismus integriert.

In Leipzig fand neben der theoretischen Vertiefung auch die erste direkte Begegnung Schellings mit dem medizinischen Lehrbetrieb statt. So hörte er Vorlesungen bei Adalbert Friedrich Marcus (1753–1816), dem späteren Mitherausgeber der *Jahrbücher der Medicin als Wissenschaft*, sowie bei Andreas Röschlaub (1768–1853). Zudem nahm Schelling »an Experimenten von Naturforschern teil, unter anderem an Versuchen von Christoph Heinrich Pfaff, von Wilhelm August Lampadius, von Johann Wilhelm Ritter, auch von Goethe, und verfolgt unmittelbar die klinische Forschung und Therapie der Mediziner Marcus und Röschlaub«[11]. Zu beiden entwickelte sich alsbald eine freundschaftliche Beziehung, die sich in Bezug auf Röschlaub in einem für beide Seiten produktiven Aufgreifen der Ideen des jeweils anderen niederschlug. Vor allem der *Erste Entwurf eines Systems der Naturphilosophie* (1799) weist zahlreiche Spuren der weitgehenden Übereinstimmung zwischen Schelling

[10] Vgl. ebd., S. 28.

[11] Dietrich v. Engelhardt, Die organische Natur und die Lebenswissenschaften in Schellings Naturphilosophie, in: Natur und Subjektivität. Zur Auseinandersetzung mit der Naturphilosophie des jungen Schelling. Referate, Voten und Protokolle der II. Internationalen Schelling-Tagung Zürich 1983, hg. v. Reinhard Heckmann, Hermann Krings, Rudolf W. Meyer, Stuttgart-Bad Cannstatt 1985, S. 39–57, hier: 41.

und Röschlaub in dieser Zeit auf. Röschlaub, der seit 1798 neben Marcus als zweiter Hospitalarzt am allgemeinen Krankenhaus in Bamberg tätig war, hatte sich intensiv mit der sogenannten Erregungstheorie des schottischen Mediziners John Brown (1735–1788) auseinandergesetzt und auf Schelling durch den 1798 erschienenen ersten Band seiner *Untersuchungen über die Pathogenie* einen starken Eindruck gemacht.[12] Dass »alle organische Thätigkeit selbst keine *absolute*, sondern nur eine durch Receptivität bedingte ist«, so Schelling, sei »ein Verhältnis, das *Joh. Brown* zuerst geahndet, obschon nie vollständig sich entwickelt hat«[13]. Diese ambivalente Würdigung deutete freilich schon auf einen grundlegenderen Einwand hin:

> »Brown hatte, ebenfalls auf der Suche nach dem Grundprinzip des Lebens, in seinen ›Elementa medicinae‹ (1780) die Erregbarkeit (incitabilitas) zur Grundlage des Lebens erklärt. Unter Erregbarkeit verstand er eine vitale Eigenschaft, die, durch äußere Reize stimuliert, den Lebensprozeß hervorruft. Was Erregbarkeit materiell sei, hatte Brown für unbeantwortbar erklärt.«[14]

Auf gewisse Weise ergab sich dadurch für Schelling ein ähnliches Problem wie in Bezug auf die Transzendentalphilosophie. Wie Kant die »transzendentale Synthesis der Apperzeption« zu einem Mysterium erklärt hatte, über das sich nichts weiter sagen

[12] Andreas Röschlaub, Untersuchungen über die Pathogenie oder Einleitung in die medicinische Theorie, 3 Bde, Frankfurt am Main 1798–1800. Zu Röschlaub hat wohl am meisten und grundlegendsten gearbeitet Nelly Tsouyopoulos, Andreas Röschlaub und die Romantische Medizin. Die philosophischen Grundlagen der modernen Medizin, Stuttgart / New York 1982 (Medizin in Geschichte und Kultur, Bd. 14). Vgl. a. dies., Der Streit zwischen Friedrich Wilhelm Schelling und Andreas Röschlaub über die Grundlagen der Medizin, in: Medizinhistorisches Journal. Internationale Vierteljahresschrift für Wissenschaftsgeschichte, Bd. XIII, H. 13 (1978), S. 229–246.

[13] Erster Entwurf eines Systems der Naturphilosophie, Jena / Leipzig bei Christian Ernst Gabler 1799, S. 267.

[14] Krabbe, Die »Jahrbücher der Medicin als Wissenschaft«, S. 34.

lasse, als dass es die Einheit unserer Erfahrung verbürgt, hatte auch Brown vor dem eigentlichen Geheimnis des »Lebens« kapituliert. Wie Kant hatte er sich in seinem Denken ehrfurchtsvoll auf den Bereich der Phänomene, auf die Erfahrungen der subjektiven Welt, zurückgezogen, ohne die Frage zu stellen, wie deren Substrat, d.h. das Leben als solches, zu denken sei. Und so wie Kant nicht in der Lage gewesen war, die beiden Quellen unserer Erkenntnis auf ein gemeinsames Prinzip zurückzuführen, konnte auch Brown keine Erklärung dafür geben, als *was* man sich jenes Substrat der Erregung eigentlich vorzustellen habe. Der »Organismus« jedoch, das war fortan der Grundtenor von Schellings Werken, musste – als *Einheit* – allen Erregungszuständen, die sich ja nur auf ihn beziehen, notwendig vorausgehen. Und wenn sich Brown in seinen Analysen wissentlich auf das nach Ursache und Wirkung zu erklärende empirische Material beschränkte, die Frage nach dem *Wesen* der Erregbarkeit jedoch wohlweislich von dieser Betrachtung ausschloss, so hatte er im Rahmen seines Horizontes recht. Dann aber, so Schelling, galt es, die Herausforderung anzunehmen, ein Prinzip jenseits der Kausalität zu bestimmen, etwas, das selbst nicht wiederum kausal bedingt sein könne, sondern das Kausalität als solche überhaupt erst ermöglicht.

Noch vor Schelling war Röschlaub selbst als Kritiker des »Brownianismus« in Erscheinung getreten. Er hatte dabei jene Sichtweise auf den Organismus als eines bloß reaktiven Nervenbündels zurückgewiesen, wie sie außer Brown damals zum Beispiel auch Jacques de Vaucanson (am berühmtesten in Gestalt seiner »mechanischen Ente«) oder La Mettrie vertraten. Eine derartige Theorie mochte zwar gewisse Abläufe anschaulich und verständlich machen, sie konnte jedoch nicht erklären, was der Organismus, im Unterschied von jeder beliebigen mechanischen Vorrichtung, als solcher sei. Röschlaub nahm Browns Grundgedanken auf, spann diesen jedoch in eine eigene Theorie des Organischen ein, der zufolge man sich das Verhältnis eines Lebewesens zu seiner Umwelt als wechselseitig bestimmtes vorzustellen habe: »Im Anschluß an die Lehre von […] Brown […] betrachtet Röschlaub das Leben als Ergebnis der Auseinandersetzung des Organismus mit seiner Außenwelt. Die Auseinandersetzung äußert sich durch gegenseitige Limitierung der vielfältigen Wirkungen.«[15] Schellings eigene Konzeption jener Jahre verdankte sich wesentlich diesen durch Röschlaub gegebenen Impulsen, was noch in den *Aphorismen* seinen unverkennbaren Niederschlag findet: »Der Organismus ist relativ auf Licht und Materie Indifferenzpunkt; relativ auf das Wissen gehört er selbst wieder dem Uebergewicht der Unendlichkeit an und ist objectiv; eigentlich ist er also weder das eine noch das andre an sich.« (§ 215, Anm., 4).

In den Wintervorlesungen des Jahres 1800 sprach Schelling neben Themen der Kunstphilosophie auch über eine »organische Naturlehre«. Pünktlich zur Jahrhundertwende erschienen außerdem das *System des transcendentalen Idealismus* sowie der erste Band der von Schelling herausgegebenen *Zeitschrift für spekulative Physik* (1800–1801). 1802 schloss sich mit der *Neuen Zeitschrift für speculative Physik* ein kurzlebiger Nachfolger an. Darin lobte Schelling noch Röschlaubs Ansatz als eine »Vereinigung von Wissenschaft und Kunst«[16] und nahm Röschlaub gegen die Angriffe seiner Gegner in Schutz. Im gleichen Jahr folgte mit dem zusammen mit Hegel herausgegebenen *Kritischen Journal der Philosophie* ein weiteres Periodikum, das jedoch ebenfalls schon bald sein Erscheinen einstellte. Trotz ihres kurzen Lebens können diese Magazine als wichtige Vorläufer für die *Jahrbücher* gelten, da sie den Versuch dokumentieren, der Naturphilosophie nicht nur ein breiteres Forum zu geben, sondern mit ihr auch an die naturwissenschaftlichen Debatten der Zeit anzuknüpfen.

[15] Tsouyopoulos, Der Streit zwischen Friedrich Wilhelm Schelling und Andreas Röschlaub, S. 230.

[16] Benehmen des Obscurantismus gegen die Naturphilosophie, in: Neue Zeitschrift für speculative Physik, Bd. I, H. 1 (1802), S. 161–185, hier: 179 f.

Am 5. Juni 1802 erhielt Schelling von der Universität Landshut aus Anlass von deren Verlegung aus Ingolstadt die Ehrendoktorwürde der Medizin verliehen. 1803 wechselte er schließlich an die Universität Würzburg, wohin er als ordentlicher Professor berufen worden war. Er begann dort im Spätherbst mit den Vorlesungen und das darauffolgende Jahr war von einer dichten Reihe kurz aufeinander folgender Veröffentlichungen bestimmt, darunter vor allem das *System der gesamten Philosophie und Naturlehre insbesondere*. In Würzburg hielt Schelling unter anderem Vorlesungen über die »Philosophie der Kunst« sowie über die »Kritik der Anwendung der Naturphilosophie auf die Medizin«.

Die Identitätsphilosophie

»Natur als Subjekt« lautet der Titel eines wichtigen Schelling-Aufsatzes von Hermann Krings.[17] Die Paradoxie dieser Redewendung liegt darin, dass sie der Natur einen Status zuschreibt, den wir im normalen Sprachgebrauch nur dem Menschen (und nur ihm und noch nicht einmal eigentlich den Tieren) zugestehen. Schelling verwendet den Ausdruck erstmals 1799 im *Ersten Entwurf*: »Nur von der Natur als Object kann man sagen, dass sie *ist*, nicht von der Natur als Subject, denn diese ist das Seyn oder die Productivität selbst.«[18] Als programmatisch für das neue Denken greift ihn etwas später Nikolaus Möller auf:

> »Der Begriff, von welchem die neuere Naturphilosophie ausgeht, ist der der Natur als Subject - Objects, in dieser Qualität ist sie

[17] Hermann Krings, Natur als Subjekt. Ein Grundzug der spekulativen Physik Schellings, in: Natur und Subjektivität, S. 111–128.

[18] Erster Entwurf eines Systems der Naturphilosophie, S. 23.

absolut, von sich selbst das Producirende und das Product, reine Identität.«[19]

Warum der Begriff »Natur als Subjekt«? Schelling gebraucht ihn, wie das erste Zitat verdeutlicht, vor allem in Absetzung zur herkömmlichen Sicht auf die Natur als einen Gegenstand, als »Materie«. Für die Naturwissenschaft, die Physik des 18. Jahrhunderts zumal, ist »Natur« etwas, das, theoretisch oder experimentell, dem Zugriff des Forschers unterworfen wird. Im weitesten Sinn ist sie damit Gegenstück zum Bewusstsein, dem Menschlichen und der Kultur, also »Objekt« im eigentlichen Sinn. Für Kant gab es keinen unmittelbaren Zugang zu diesem »Ding an sich«. Als Ursprung aller Erkenntnis betrachtete er die Synthese unserer sinnlichen Eindrücke mit den Formen der Anschauung, die jenen erst ihre Struktur aufprägen und uns ermöglichen, sie als Inhalte unseres Denkens zu erfassen.

Problematisch wird diese Vorstellung von den zwei »Stämmen der Erkenntnis«[20] jedoch, wenn man sie nicht nur auf die von »außen« her gewonnenen Eindrücke unseres Denkens, sondern auf dieses selbst bezieht. In der Auseinandersetzung mit Kant hatte sich Schelling die Einsicht aufgedrängt, dass eine Strukturierung der Welt, wie sie das Bewusstsein im Rahmen der Transzendentalphilosophie leisten soll, nicht möglich ist, ohne die (präreflexive) *Einheit* dieses Bewusstseins als dessen eigene Bedingung immer schon vorauszusetzen. Ein bloß reflexiver Zugang zu ihm, der es doch nur wieder zu einem Objekt unter anderen machen würde, reiche daher – trotz Kants Verwahrung gegen eine »intellektuelle Anschauung« und der weiteren Zurückführung der Erkenntnisstämme auf ein Ursprüngliches – nicht aus. Wenn es also eine präreflexive Kenntnis

19 N. I. Möller, Über die Entstehung der Wärme durch Reibung nebst Folgerungen für die Theorie beyder Phänomene, in: Neue Zeitschrift für speculative Physik, Bd. I, H. 3 (1802), S. 1–109, hier: 2.

20 Vgl. dazu Frank, Eine Einführung in Schellings Philosophie, S. 73 f.

eines alle Objektivierung erst Ermöglichenden geben musste, so wurde die Trennung in eine dem Denken zugängliche Welt der Erscheinungen und einen Bereich des diesem Denken entzogenen Noumenalen (dem Ding an sich) hinfällig. Mit dem Ich, als dem immer schon vorauszusetzenden Prinzip unserer Erkenntnis, *verfügen* wir nach Schelling über jenes Absolute, das Kant für schlechterdings unerkennbar gehalten hatte, denn:

> »das Ich ist nur dadurch Ich, daß es niemals Object werden kann, mithin kann es in keiner sinnlichen Anschauung, also nur in einer solchen, die gar kein Object anschaut, gar nicht sinnlich ist, d.h. in einer intellectualen Anschauung bestimmbar seyn. – Wo Object ist, da ist sinnliche Anschauung, und umgekehrt. Wo also kein Object ist, d.i. im absoluten Ich, da ist keine sinnliche Anschauung, also entweder gar keine, oder intellectuale Anschauung. Das Ich also ist für sich selbst als blosses Ich in intellectualer Anschauung bestimmt.«[21]

Diese Passage stammt aus der fichteanisierenden Frühschrift *Vom Ich als Princip der Philosophie* (1795). Xavier Tilliette hat ihr einige schöne Zeilen gewidmet, die ich hier wiedergeben möchte:

> »Das (absolute) Ich ist der Schlüsselbegriff des Werks. Lärmend bricht es hervor. Im Vergleich zu ihm büßt das durch Valéry verherrlichte Ich Descartes' viel von seiner Selbstgewißheit ein. Denn das absolute Ich ist alles; an ihm wird das *hen kai pan* (ἓν καὶ πᾶν) sichtbar, es transzendiert die endlichen Ichs, die durch das Dazwischentreten der Gegenstände begrenzt und belastet sind, welche selbst wiederum den Zugang zum reinen unendlichen Leben versperren. Der gesamte Band wirkt wie zerfressen von Ungeduld gegenüber Begrenzungen, als ob ihm eine merk-

[21] Vom Ich als Princip der Philosophie oder über das Unbedingte im menschlichen Wissen, Jakob Friedrich Heerbrandt: Tübingen 1795, S. 49.

würdige negative Leidenschaft gegenüber der Objekthaftigkeit innewohnte.«[22]

Im Gegensatz zum absolutem Ich Fichtes, das noch den Charakter eines praktischen Regulativs trägt – »nicht [...] etwas, das *ist*, sondern [...] etwas, das durch uns hervorgebracht werden *soll*, aber nicht *kann*«[23] –, ist das absolute Ich Schellings mehr: die umfassende Fülle des Seins selbst. Geradewegs in Umkehrung von Fichte ist das »Ich« hier als Prädikat zu verstehen. So verwundert es nicht, dass eben dieses Ich in den folgenden Werken, beginnend mit den *Briefen über Dogmaticismus und Kriticismus*[24], mehr und mehr vom »Absoluten« – ohne Zusatz – absorbiert wird. Dieses neue Absolute Schellings »ist unerreichbar und steht über allen Wechselfällen«. Es »hat sich in seine Unbeweglichkeit und in sein Geheimnis zurückgezogen.«[25] In den *Aphorismen zur Einleitung* klingt das später so:

> »Es giebt wahrhaft und an sich überall kein Subject und kein Ich, eben deshalb auch kein Object und kein Nichtich, sondern nur Eines, Gott oder das All und ausserdem Nichts. Ist also überall ein Wissen und ein Gewusstwerden, so ist das, was in jenem und was in diesem ist, doch nur das Eine als Eines, nämlich Gott.«

Vielleicht kann jener begriffliche Wandel, der die zunehmende Loslösung von Fichte markiert, als die eigentliche Geburts-

[22] Xavier Tilliette, Schelling. Biographie, üb. v. Susanne Schaper, Stuttgart ^{2}2004, S. 32.

[23] Johann Gottlieb Fichte, Grundlage der gesamten Wissenschaftslehre als Handschrift für seine Zuhörer (1794), hg. v. Wilhelm G. Jacobs. Hamburg ^{4}1997, S. 22 [§ 1].

[24] Philosophische Briefe über den Dogmaticismus und Kriticismus, in: Philosophisches Journal einer Gesellschaft Teutscher Gelehrter, hg. von Friedrich Immanuel Niethammer, Bd. II, H. 3 (1795), S. 177–203 u. Bd. III, H. 3 (1795), S. 173–239.

[25] Tilliette, Schelling, S. 37.

stunde dessen gelten, was als »Identitätsphilosophie« bald zu einer Zielscheibe für mitunter beißenden Spott werden sollte. Der Begriff war von Schelling zuerst in der *Darstellung meines Systems der Philosophie* (1801) verwendet worden. Bei genauerem Hinsehen erweist er sich zumindest als präziserer Ausdruck für das, was sonst üblicherweise unter dem Namen »Naturphilosophie« firmiert.

Dies hat einen einfachen Grund, impliziert der Begriff »Natur« doch bis heute jene Objekthaftigkeit, die Schelling in eine sich selbst immer wieder neu hervorbringende Einheit (die *natura naturans*) aufgelöst denken wollte. »Identitätsphilosophie« verweist auf diese Einheit von Subjekt und Objekt in der »absoluten Tätigkeit«, als die Schelling die Natur bestimmt. »Der Ausdruck ›Natur als Subjekt‹«, so Krings, ist daher

> »nicht Begriff einer Naturbeschreibung. Er ist auch nicht Begriff einer Naturtheorie, sondern der Begriff einer Begründungsphilosophie eben der Natur, die dann als Objekt auch beschrieben und durch Theorien erklärt werden kann.«[26]

Anders ausgedrückt: Die »Natur als Objekt« ist ein *Bild,* das wir, als Subjekte, erst nachträglich von der ursprünglichen Einheit des Ganzen abstrahieren: »was du als ein Objectives bestimmst, ist nur das unendliche Für-sich-seyn der in Gott begriffenen Positionen« (§ 169). Tatsächlich ist die »Verendlichung« (die Vereinzelung der Dinge) als ein Prozess *in* der Natur zu denken: Der Geist strebt danach,

> »das Unendliche im Endlichen darzustellen. Das Ziel aller dieser Handlungen ist das Selbstbewußtseyn, und die Geschichte dieser Handlungen ist nichts anderes als die Geschichte des Selbstbewußtseyns.«[27]

[26] Krings, Natur als Subjekt, S. 117.
[27] Abhandlungen zur Erläuterung des Idealismus der Wissenschafts-

Das »Buch der Natur«, von dem die Pansophisten sprachen, wird damit zu einem »Buch der Geschichte«, das zu deuten die Aufgabe des Philosophen ist: »Die äußere Welt liegt vor uns aufgeschlagen, um in ihr die Geschichte unseres Geistes wieder zu finden.«[28] Hieraus ergeben sich die für Schellings Denken charakteristischen Schnittstellen zwischen Naturphilosophie, Geschichtsschreibung und Kunst.

Im Vergleich zu Kant verleiht Schelling der Natur ein freundliches und vertrauliches Antlitz, dessen Physiognomie weder auf die Sphäre des Rationalen noch des Materiellen beschränkt bleibt, sondern vielmehr in seinen einzelnen *Dimensionen* durchschritten werden muss. Diesem Zug verdankte Schelling die Sympathien Goethes. Wie dessen »Urbild« nicht eine hintergründige Idee, ein von der Sinneswelt abgeschiedenes Absolutes meint, sondern einen Reigen oder *Chorus* lebendiger Formationen, so ist die Geschichtsphilosophie Schellings gleichsam Morphologie der geschichtlichen Elemente: »das Ding ist selbst die Idea, aber die bloss unter Relationen gebohrne, oder inwiefern sie auch ein Leben in Bezug auf andre, nicht nur auf Gott hat.« (§ 135)

In den Zusammenhang einer solchen Morphologie fallen schließlich die »Potenzen«. Tatsächlich durchlief wohl kaum ein Element der ersten Periode Schellings so viele Transformationen. Überspitzt nannte sie Eduard von Hartmann deswegen auch einmal dessen »Mädchen für alles«.[29] Kannte der *Entwurf* (1799) noch drei Potenzen, die »auf der Stufe der allgemeinen Natur als Magnetismus, Elektrizität und Licht; in der organischen Natur als Sensibilität, Irritabilität und Bildungstrieb«[30] in Erscheinung treten, so erhöht sich deren Zahl später

lehre. Geschrieben in den Jahren 1796 und 1797. Zweiter Abdruck 1809, in: Sämmtliche Werke. Erste Abtheilung. Erster Band: 1792–1797, hg. v. K. F. A. Schelling Stuttgart / Augsburg 1856, S. 343–452, hier: 382.

28 Ebd., S. 383.

29 Vgl. Tilliette, Schelling, S. 172.

30 Krabbe, Die »Jahrbücher der Medicin als Wissenschaft«, S. 48

auf sechs.[31] Sie erinnern ihrer Struktur nach an frühneuzeitliche Metamorphosentheorien und markieren den Versuch, die einzelnen »Stufen« der natürlichen Bildung dem einheitlichen Prinzip einer »absoluten Productivität« zu unterwerfen. Für Hegel wies die Potenzenlehre, wie er sich in der *Wissenschaft der Logik* ausdrückt, »in die Kindheit des Philosophirens«[32] zurück, auf Pythagoras anstatt auf Aristoteles. Die Idee der Potenzen löst die Natur in einen dynamischen Vermittlungszusammenhang auf, in dem es tendenziell keine trennscharfe Unterscheidung mehr zwischen den Bereichen des Menschlichen und des Tierischen, des Natürlichen und Artifiziellen – zwischen Lebendigem und Totem gibt: »Vom MoosGeflechte an, an dem kaum noch die Spur der Organisation sichtbar ist, bis zur veredelten Gestalt, die die Fesseln der Materie abgestreift zu haben scheint, herrscht Ein und derselbe Trieb, der nach Einem und demselben Ideal von Zweckmäßigkeit zu arbeiten, in's Unendliche fort ein und dasselbe Urbild, die reine Form unseres Geistes auszudrücken bestrebt ist.«[33] Die Potenzenlehre Schellings kennt zuletzt nur noch einzelne Grade der *Formung*, die sich von der physischen Materie (der ersten Potenz) über das Bloß-Reproduktive des dumpfen Magnetismus, die organische Natur (Tiere, Pflanzen), das Wissen (vierte Potenz) und das Handeln (fünfte Potenz) bis zur letzten Potenz entfaltet:

[31] In den *Aphorismen zur Einleitung* sind sie wieder auf die drei Grundstufen der Existenz (=A^1), der »Position dieser Existenz« (=A^2) und der »Position des Einsseyns beyder« (=A^3) reduziert. Vgl. § 189 ff. Schelling gebraucht die mathematische Formalisierung als Ausdruck für die absolute Einheit der einzelnen Stufen in Gott (im Gegensatz zur bloßen Indifferenz). So wie die mathematischen Potenzen *eine* Reihe bilden, darf man sich die drei »Positionen« nur als Momente einer aus sich selbst hervorgehenden Reihe denken. Vgl. ferner das »allgemeine Schema« zu § 214, wo Schelling den Potenzen je ein bestimmtes Medium zuweist.

[32] WdL I, 333–335.

[33] Allgemeine Uebersicht der neuesten philosophischen Litteratur, in: Philosophisches Journal einer Gesellschaft teutscher Gelehrten, Bd. VI, H. 2 (1797), S. 182–214, hier: 187 f.

nämlich der Kunst als dem Element der »intellectualen Anschauung«, die absolute Tätigkeit ist und damit absolute Ruhe zugleich.

Mary Shelley hat in ihrem *Frankenstein* (1818) dieser »Naturphilosophie« (noch heute im Englischen ein feststehender Begriff) einen unvergesslichen literarischen Ausdruck verliehen: »To examine the causes of life, we must first have recourse to death.«[34] Als Kind geht Victor Frankenstein beim Anblick eines Blitzeinschlags das erste Mal der Gedanke auf, dass die alten Lehren des »Cornelius Agrippa, Albertus Magnus, and Paracelsus«[35] ihm seine Fragen nicht mehr zu beantworten vermögen. Auf der Suche nach dem Geheimnis des Lebens, die er mit der Jagd nach dem Stein der Weisen vergleicht, kommt ihm schließlich der entscheidende Gedanke, dass das Prinzip des Organischen nicht in etwas Substantiellem besteht, sondern vielmehr in einem gradweisen Übergang zwischen Leben und Tod, einem beständigen, unaufhörlichen Wandel sich äußert:

> »I saw how the fine form of man was degraded and wasted; I beheld the corruption of death succeed to the blooming cheek of life; I saw how the worm inherited the wonders of the eye and brain. I paused, examining and analysing all the minutiae of causation, as exemplified in the change from life to death, and death to life, until from the midst of this darkness a sudden light broke in upon me – a light so brilliant and wondrous, yet so simple, that while I became dizzy with the immensity of the prospect which it illustrated, I was surprised that among so many men of genius, who had directed their inquiries towards the same science, that I alone should be reserved to discover so astonishing a secret.«[36]

34 Mary Shelley, Frankenstein, or, the Modern Prometheus. Boston/Cambridge 1869, S. 40.

35 Ebd., S. 32.

36 Ebd., S. 40 f.

Die Entdeckung, von der Frankenstein hier mit solcher Aufgeregtheit spricht, ist für Schelling nichts anderes als die *Selbst*anschauung der Natur. Diese ist, mit Fichtes berühmter Metapher, ein Vorgang, dem »ein Auge eingesetzt« ist. Im Blick des Forschers wird die Natur *sich selbst* anschaulich. Im Geist spiegelt sich die Tätigkeit der Natur, aber nicht als in etwas außer ihr Liegendem. Das Ich ist kein »Ausfluss« des Naturganzen (der die Einheit zerstören würde[37]), sondern dessen Einfaltung. Mit den Motiven einer solchen »All-Einheit« griffen Schelling wie die Romantiker auf Vorstellungen zurück, die von jeher stärker der Mystik eigneten als der institutionellen Metaphysik. Bezugspunkte einer solchen »romantischen Naturphilosophie« waren nicht der cartesische Dualismus[38], sondern vielmehr die pansophische Weltanschauung eines Böhme oder Spinoza. »Metaphysische Orientierung, ganzheitlicher Ansatz von Kosmologie und Anthropologie, biochemische Perspektive, Hochschätzung der Ethik, innere Einheit von Ätiologie, Pathophänomenologie und Therapie«[39] ermöglichten eine positive Anknüpfung an vorangegangene Epochen der Naturwissenschaft und waren Kennzeichnen einer zumal für Schelling charakteristischen Eklektik, durch die sich ein neuer Zugang zu älteren Traditionslinien gewinnen ließ. So war Bernhard Hirschel (1815–1874) gar der Ansicht, Schelling habe, »indem er Aussenwelt und Organismus sich in gegenseitiger organischer Verbindung dachte, sie parallelisirte, ja identificirte, und indem er die qualitative Seite des Organismus und der Reize wieder hervorhob und Chemismus und Dynamismus wechselseitig bedingte, die bereits von Paracelsus gehegten Grundideen der Physiologie«[40] wiederhergestellt.

[37] Vgl. dazu die »Allgemeine Anmerkung«.

[38] Gegen den Dualismus als Merkmal »orientalischer Religionssysteme« wendet sich Schelling im letzten Teil der »Allgemeinen Anmerkung«.

[39] Dietrich v. Engelhardt, Paracelsus im Urteil des 18. Jahrhunderts, in: Gesnerus, Bd. 51, H. 3/4 (1994), S. 165–182, hier: 177.

[40] Bernhard Hirschel, Compendium der Geschichte der Medicin von

Die Jahrbücher der Medicin als Wissenschaft (1805–1808)

Im Frühjahr 1804 begannen die ersten Planungen zu dem später unter dem Titel *Jahrbücher der Medicin als Wissenschaft* herausgegebenen Journal, welche freilich bald von der Affäre zwischen Marcus und Kilian sowie Scherereien mit der bayerischen Regierung überschattet wurden. Letztere hatte Schelling als Reaktion auf dessen Selbstverteidigung gegenüber einer in der *Oberdeutschen Allgemeinen Literaturzeitung* gegen ihn geführten Verleumdungskampagne eine scharfe Abmahnung erteilt.[41] Zudem überwarf Schelling sich infolge diverser Intrigen mit dem ihm vormals wohlgesinnten Grafen von Thürheim, dem Kurator der Universität Bamberg, der Schelling einen tadelnden Brief schrieb, weil dieser eigenmächtig Berufungsverhandlungen geführt hatte.[42]

Schließlich kam es trotz der aufreibenden Schwierigkeiten dieser Monate zu einem Vertrag mit Cotta, obgleich von den ursprünglich eingeladenen Autoren am Ende nur noch etwa die Hälfte übrigblieb. Dennoch zeigte sich Schelling in Briefen an Freunde und Bekannte optimistisch. Er kündigte ihnen die baldige Drucklegung an und versicherte, ihnen gleich nach Erscheinen des ersten Heftes Exemplare von diesem schicken zu wollen. Am 30. Juli 1805 teilte er Röschlaub mit, dass von den *Jahrbüchern* »2 Hefte noch vor dem Herbst erscheinen werden«[43]. (Tatsächlich erschien das erste Heft noch im Oktober, das zweite erst im Mai des folgenden Jahres und das dritte ließ

den Urzeiten bis auf die Gegenwart. Mit besonderer Berücksichtigung der Neuzeit und der Wiener Schule, Wien ^{2}1862.

[41] Vgl. Tilliette, Schelling, S. 144 f.

[42] Vgl. Krabbe, Die »Jahrbücher der Medicin als Wissenschaft«, S. 61 sowie Tilliette, Schelling, S. 141.

[43] Schelling an Röschlaub, Brief vom 30. Juli 1805, in: Aus Schellings Leben. In Briefen, Bd. II: 1803–1820, hg. v. G. L. Plitt. Leipzig 1870, S. 62–64, hier: 62.

bis Ende 1806 auf sich warten). Diese allzumenschlichen Hoffnungen wurden jedoch von den zermürbenden Verzögerungen, wie sie fast jede Veröffentlichung begleiten, zusehends gedämpft und bereits im August beschwerte sich Schelling gegenüber Windischmann wegen der »unausstehlichen Langsamkeit des Drucks und der Incorrectheit, die mehrere Blätter umdrucken zu lassen nöthigte«[44].

Waren die organisatorischen und persönlichen Schwierigkeiten bereits Anlass genug, den Enthusiasmus Schellings[45], der sich anfangs noch in den Briefen aussprach, zu zügeln, so erfuhr auch das Konzept der *Jahrbücher* selbst mehrere Umarbeitungen, ehe es die Gestalt annahm, in der wir es heute kennen.

Bernhard Krabbe, der sich in seiner Dissertation (1984) am ausführlichsten mit der Entstehung und dem Zusammenhang der *Jahrbücher* beschäftigt hat, rekonstruiert die inhaltlichen und konzeptionellen Veränderungen, die das Projekt auf dem Weg seines Zustandekommens durchlaufen hat. War als Ziel in einer auf den 31. 7. 1804 datierten »Ankündigung« an den Verleger Goebhardt noch »eine rücksichtslose« und »streng sondernde Kritik«[46] formuliert worden, die dem »Zustande der Verwir-

44 Schelling an Windischmann, Brief vom 23. Aug. 1805. In: ebd., S. 68 f., hier: 68.

45 Noch im Oktober 1805, als das erste Heft gerade im Erscheinen war, äußerte Schelling sogar den Plan, »[m]it dem Anfang des nächsten Jahrs [...] neben den Jahrbüchern der Medizin, die vorzüglich nur dieser Wissenschaft gewidmet seyn können, wie vormals neben der Zeitschrift für spekulative Physik, noch ein besondres Philosophisches Journal herauszugeben« (Schelling an den Verleger Krüll, Brief vom 6. Oct. 1805, in: F. W. J. Schelling, Briefe und Dokumente, Bd I: 1775–1800, hg. v. Horst Fuhrmans, Bonn 1962, S. 336–338, hier: 336). Dieser Plan kam nicht zustande und scheint auch später nicht wiederaufgegriffen worden zu sein.

46 Zitiert nach Krabbe, Die »Jahrbücher der Medicin als Wissenschaft«, S. 68. Ein vollständiger Abdruck befindet sich in: Schelling, Briefe und Dokumente, Bd. I, S. 314–318. Vgl. auch den auf den »6ten Juli 1804« datierten »Entwurf«, wo es heißt: »Die Hauptmasse bilden kritische Übersichten sämmtlicher in die Medicin eingeschlagener wissenschaftlicher Werke«.

rung«, den »verschiedenartigen und in ganz abweichenden Richtungen gehenden Versuche[n]« der sich allmählich vom breiten Wissenschaftsbetrieb emanzipierenden Medizin entgegengesetzt werden sollte, so hieß es in der tatsächlichen Ankündigung, die fast ein Jahr später (am 7. 3. 1805) in der *Cottaschen Allgemeinen Zeitung* erschien: »Der ganze erste Jahrgang wird unter dieser Rubrik [der wissenschaftlichen Abhandlungen, FM] eine fortlaufende Darstellung der gesamten Naturphilosophie in bezug auf Medicin, und demnach insbesondere der organischen Naturlehre nach Ansichten derselben von Prof. Schelling enthalten.«[47] Damit hatten die *Jahrbücher* sich, wie Krabbe treffend konstatiert, von einem in erster Linie der Kritik und Rezension verpflichteten Journal zu einem »Organ der Naturphilosophie«[48] gewandelt – d.h. zu einem Organ der Philosophie Schellings.

Was war geschehen? Als erster Grund für die Veränderung des ursprünglichen Konzepts kann wohl der Bruch mit Röschlaub angesehen werden. Dieser hatte in seinem *Entwurf eines Lehrbuches der allgemeinen Iaterie und ihrer Propädeutik* (1804) die Naturphilosophie zu einer bloßen »Voraussetzung für die eigentliche Theorie der Klinik«[49] erklärt. Auf der anderen Seite hatte Schelling selbst in einer präzisierten »Ankündigung« vom 31. Juli, die er gemeinsam mit Marcus unterzeichnet und an Freunde verschickt hatte,[50] bereits den »Zweck« des geplanten Journals als »ausschließlich wissenschaftlich« bestimmt: »das bloß technisch oder praktisch Interessante [...]

Das betreffende Schriftstück befindet sich im Schelling-Nachlass der Berlin-Brandenburgischen Akademie der Wissenschaften (BBAW) unter der Signatur Nr. 119. Der »Entwurf« ist abgedruckt in: Schelling, Briefe und Dokumente, Bd. I, S. 312–314.

47 Ankündigung in der *Cottaschen Allgemeinen Zeitung* (7.3.1805). Zitiert nach Krabbe, Die »Jahrbücher der Medicin als Wissenschaft«, S. 74.

48 Ebd., S. 70.

49 Ebd., S. 73. Vgl. Tsouyopoulos, Der Streit zwischen Friedrich Wilhelm Joseph Schelling und Andreas Röschlaub, S. 234.

50 Vgl. Krabbe, Die »Jahrbücher der Medicin als Wissenschaft«, S. 68.

gehört nicht zum Umkreis ihrer Beurtheilung«[51]. Der Konflikt mit Röschlaub, dem von Anfang an eine enge Verbindung von Theorie und Praxis vorschwebte, wobei er dem anwendungsbezogenen Aspekt ein deutlich größeres Gewicht beimaß als Schelling,[52] war damit also im Grunde schon vor dem Erscheinen der *Iaterie* angelegt.

Eine weitere Ursache für die Umgestaltung des Programms lag darin, dass von den von Schelling als Beiträger eingeladenen Personen am Ende nur noch ein Kreis mehr oder weniger enger Bekannter, Freunde und Verwandter übrigblieb. Um ein kritisches Journal zu realisieren, wie es ihm ursprünglich vorgeschwebt hatte, hätte es der Mitarbeit unterschiedlicherer Stimmen bedurft, die, ohne die Naturphilosophie geradewegs zur Methodenlieferantin zu degradieren wie Röschlaub, doch in der Position gewesen wären, eigene Akzente zu setzen und damit ein Gegengewicht zu den von Schelling vertretenen Ansichten zu etablieren. So scheiterte 1805 insbesondere der Versuch, Alexander von Humboldt (1769–1859) für die *Jahrbücher* zu gewinnen. Dabei stieß Schelling bei dem berühmten Naturforscher anfangs sogar auf einiges Wohlwollen: »Die Naturphilosophie«, schreibt Humboldt an Schelling Anfang Februar,

[51] Zitiert Schelling, Briefe und Dokumente, Bd. I, S. 316. Ein vollständiger Abdruck dieses zweiten Entwurfs befindet sich ebd., S. 314–318.

[52] Selbstverständlich war auch Schelling, wie dessen hier skizzierte Biographie, aber auch der Briefwechsel und letztlich die Werke selbst verdeutlichen, nicht per se an einer vom therapeutischen Nutzen entkoppelten Theorie gelegen. Sein Augenmerk galt allerdings tatsächlich weniger der klinischen Praxis, obgleich er sich auch mit dieser vergleichsweise intensiv auseinandersetzte, als vielmehr den naturphilosophischen »Urfragen« nach dem »Wesen« und »Ursprung« des Lebens. Sarkastisch äußerte sich über solche ›Mediziner‹ gleichwohl Georg Michael von Weber (1768–1845): »Sie construierten die […] Krankheiten a priori, wenngleich der Kranke a posteriori destruirt wurde« (Höchstwichtige Beyträge zur Geschichte der neuesten Literatur in Deutschland aus den nachgelassenen Papieren des Magisters Aletheios, hg. v. Antibarbaro Labienus. Dritte Abtheilung, St. Gallen 1817, S. 5. Vgl. Krabbe, Die »Jahrbücher der Medicin als Wissenschaft«, S. 5).

»kann den Fortschritten der empirischen Wissenschaften nie schädlich sein. Im Gegenteil, sie führt das Entdeckte auf Prinzipien zurück, wie sie zugleich neue Entdeckungen begründet.« Und fügt hinzu, er »sehe mit Sehnsucht Ihrem Journale entgegen, in dem Sie uns das Geheimnis des Organismus enthüllen werden«[53]. Diese Zeilen waren freilich mehr der aristokratischen Höflichkeit des weltmännischen Humboldt geschuldet als einer wirklichen, tiefergehenden Sympathie für die »Spekulationen«, die man in Würzburg trieb. Letzten Endes verlief sich die Sache und es kam zu keiner Mitarbeit Humboldts an den *Jahrbüchern*, sowohl aus praktischen Gründen – Humboldt befand sich zu dieser Zeit bereits in Paris – und auch, weil die Wissenschaftsauffassungen der beiden letztlich doch zu weit auseinanderlagen.

Hegel, den Schelling ebenfalls zu gewinnen suchte, antwortete auf dessen Brief erst gar nicht bzw. tat dies mit einer »Verspätung« von drei Jahren.[54] Er hatte zu dieser Zeit (1807) bereits vollends damit begonnen, sich von Schelling zu distanzieren[55], wobei dieser inhaltlichen Entfremdung eine persönliche

[53] A. v. Humboldt an Schelling, Brief vom 1. Febr. 1805, in: Plitt (Hg.), Aus Schellings Leben, Bd. II, S. 49 f.

[54] Vgl. Hegel an Schelling, Brief vom 3. Jan. 1807, in: Briefe von und an Hegel, Bd I: 1785 bis 1812, hg. v. Johannes Hoffmeister, Hamburg ^{3}1969 [1952], S. 130 f. Schellings Antwort erfolgt eine Woche später, am 11. Januar, vgl. Plitt (Hg.), Aus Schellings Leben, Bd. II, S. 110–114. Vgl. Krabbe, Die »Jahrbücher der Medicin als Wissenschaft«, S. 82 f.

[55] Zum Symbol von Hegels »Verrat« ist bekanntlich jene boshafte Sentenz aus der »Vorrede« der *Phänomenologie des Geistes* (1807) geworden, die gegen die Kerngedanken der schellingschen Naturphilosophie gerichtet war, nämlich die Ideen der All-Einheit und der intellektuellen Anschauung: »Dies Eine Wissen, daß im Absoluten Alles gleich ist, der unterscheidenden und erfüllten oder Erfüllung suchenden und fodernden [sic.] Erkenntnis entgegenzusetzen, – oder sein Absolutes für die Nacht auszugeben, worin, wie man zu sagen pflegt, alle Kühe schwarz sind, ist die Naivität der Leere an Erkenntnis.« (PhG 14).

infolge der Affäre um Carolines Scheidung (1802–1803) vorausgegangen war.[56]

Damit fielen bereits zwei der schillerndsten Namen aus der Reihe der Eingeladenen fort. Nicht zur Teilnahme bewegen ließen sich darüber hinaus der berühmte Mediziner Johann Friedrich Blumenbach (1752–1840) sowie, aus naheliegenden Gründen, Röschlaub. Letztendlich arbeiteten so von insgesamt 23 eingeladenen »Autoren […] nur 11 (mit Schelling) an den Jahrbüchern mit: Baader, Döllinger, Eschenmayer, Marcus, Oken, F. W. J. Schelling, K. E. Schelling, Schmidt, Steffens, Walther und Windischmann«[57]. In jedem Fall ist selbst diese zusammengeschrumpfte Liste noch Ausdruck von Schellings Bestreben, in dem geplanten Journal auch Ärzte und Naturforscher zur Sprache kommen lassen, die Fachspezifisches beizutragen vermochten, und damit den Brückenschlag zu den Lebenswissenschaften der Zeit auch auf einer ganz praktischen Ebene zu realisieren.

Von den *Jahrbüchern* erschienen bis 1808 insgesamt sechs Ausgaben,[58] bevor Schelling die Arbeit an weiteren Heften einstellte. Obwohl er formell das Magazin zusammen mit Marcus herausgab, hatte dieser »an der inhaltlichen Gestaltung der Zeitschrift […] nur geringen Anteil«[59]. Schelling übernahm auch die Verhandlungen mit Cotta sowie die Auswahl und Durchsicht der Aufsätze; »an der redaktionellen Arbeit nahm er [Marcus] allem Anschein nach überhaupt nicht teil«.[60] Auf der Titelseite des ersten Heftes wurde er dann sogar nicht einmal erwähnt;

56 Hegel war bekanntlich nicht der einzige, der an diesen Umständen der Beziehung Schellings zu der fast zwölf Jahre älteren Caroline Anstoß nahm; auch Niethammer distanzierte sich in der Folge deswegen von Schelling.

57 Krabbe, Die »Jahrbücher der Medicin als Wissenschaft«, S. 81.

58 Das erste Heft erschien im Oktober 1805, das zweite im Mai und das dritte Ende 1806, das vierte im Mai 1807, das fünfe Anfang und das sechste Ende 1808.

59 Krabbe, Die »Jahrbücher der Medicin als Wissenschaft«, S. 111.

60 Ebd.

laut dem Verleger ein Versehen, doch in Wirklichkeit empfand Cotta »die Mitherausgeberschaft Marcus von solchem Nachteil für die Auflage der Zeitschrift, daß er [...] Marcus Namen als Herausgeber nicht aufführte«[61]. Der Betroffene empfand das als eine große Beleidigung, beklagte sich darüber allerdings nicht bei Cotta direkt, sondern bezeichnenderweise bei Schelling.[62]

Als Schelling im Frühjahr 1804 den Plan für die *Jahrbücher* konzipierte und bald darauf den ihm ergebenen Marcus als Mitherausgeber einbezog, sorgte das unter vielen von Schellings Bekannten sowie den eingeladenen Autoren für Unmut. Diese teils heftige Ablehnung konzentrierte sich zumeist auf die Person Marcus' und war eine wesentliche Ursache für das Abspringen von Röschlaub gewesen.[63] (Denn trotz der inhaltlichen Differenzen zwischen diesem und Schelling blieb ihr freundschaftliches Verhältnis weiterhin bestehen, obwohl Röschlaub für die Mitarbeit von Marcus, auf den er auch in fachlicher Hinsicht nicht allzu viel gab, wenig Verständnis zeigte). Als die *Jahrbücher* ihr Erscheinen einstellten, war es gleichwohl Marcus, der versuchte, sie weiterhin am Leben zu halten und Schelling noch in den folgenden Jahren immer wieder einmal darauf ansprach. Allerdings zeigte dieser kein Interesse mehr am Fortbestand der Zeitschrift und so erschien 1808 endgültig das letzte Heft. Über den letztlich ausschlaggebenden Grund für das Ende der *Jahrbücher* lässt sich nur spekulieren. »Auffallend ist, daß mit den Jahrbüchern das Interesse Schellings an medizinischen Problemen ziemlich schwindet.«[64]

[61] Ebd., S. 111.

[62] Vgl. ebd.

[63] Andererseits blieb auch dieser nicht von Angriffen verschont. So äußerte Windischmann, es gäbe »wohl schwerlich einen sprechenderen Beweis von der Niedrigkeit dieses Menschen, als die Vorrede [der von Röschlaub herausgegebenen Werke Browns]« (Windischmann an Schelling, Brief vom 15. März 1806, in: Plitt (Hg.), Aus Schellings Leben, Bd. II, S. 80–81, hier: 81).

[64] Krabbe, Die »Jahrbücher der Medicin als Wissenschaft«, S. 145.

Die Aphorismen über die Naturphilosophie

Die hier erstmals als Einzelausgabe wiederabgedruckten *Aphorismen* bilden den Hauptteil der von Schelling für die *Jahrbücher* verfassten Texte. Neben der *Vorrede* des ersten Bandes und einem Aufsatz zur *Medicin nach den Grundsätzen der Naturphilosophie* eben dort publizierte Schelling im vierten Heft noch einige *Kritische Fragmente*. Die folgende Tabelle gibt einen chronologischen Überblick sämtlicher Aufsätze:

Bd. I, H. 1:	*Vorrede vom Professor Schelling in Würzburg* (S. V–XX)
	Aphorismen zur Einleitung in die Naturphilosophie (S. 3–88)
	Vorläufige Bezeichnung des Standpunktes der Medicin nach den Grundsätzen der Naturphilosophie (S. 165–206)
Bd. I, H. 2:	*Aphorismen über die Naturphilosophie. Der Naturphilosophie Erster oder Allgemeiner Theil* (S. 3–36)
Bd. II, H. 2:	*Aphorismen über die Naturphilosophie. Erster oder allgemeiner Theil. (Beschluss)* (S. 121–158)
	Kritische Fragmente (S. 281–304)

Die *Aphorismen über die Naturphilosophie*, die sich in zwei Hauptteile sowie eine vorangehende *Einleitung* gliedern, stellen das letzte Werk aus Schellings sogenannter erster Periode dar. Diese endete mit seinem Weggang aus Würzburg, wo im Frühjahr die letzte Vorlesung stattfand, und seinem Umzug nach München, wo Schelling als Mitglied der Bayerischen Akademie der Wissenschaften bis 1820 leben und arbeiten sollte.

Die aphoristische Form ist im bisherigen Werk nicht ganz ohne Vorläufer. Schelling hatte sie etwa schon in dem kurzen Text *Die vier edlen Metalle* in der *Neuen Zeitschrift* erprobt.[65]

[65] Die vier edlen Metalle, in: Neue Zeitschrift für speculative Physik Bd. I, H. 3 (1802), S. 92–109. Korrekterweise muss man anmerken, dass

Sie erreicht jedoch in den *Aphorismen* von 1805–1807 ihren unbestreitbaren Höhepunkt. Dass Schelling ausgerechnet in den Journalen auf diese »leichte« Textsorte zurückgriff, war kein Zufall. Im Gegensatz zu den Monographien stießen die Periodika auf eine viel unmittelbarere Weise in die aktuellen Diskussionen hinein. Nicht zuletzt daraus erklärt sich auch die Ungeduld und Besorgnis, als es beim Druck immer wieder zur Verzögerungen kam, denn ihre Beiträge waren als solche zu gegenwärtigen Debatten konzipiert.

In diesem Zusammenhang muss man sich klarmachen, dass »Aphorismus« um 1800 noch nicht jene Begriffsverengung erfahren hatte, die uns heute an ein isoliertes »Kürzestfragment« denken lässt. Rückblickend sprach Schelling einmal davon, dass ihm 1801 »das Licht der Philosophie« aufgegangen sei – und fügt hinzu: »wo ich die berühmten Aphorismen erscheinen ließ«.[66] Gemeint ist hier die *Darstellung meines Systems*. Diese ist zwar – wie später die *Aphorismen über die Naturphilosophie* – in Paragraphen unterteilt, erinnert mit ihren »Zusätzen« und »Erläuterungen« jedoch eher an Spinozas »geometrische Ordnung«. Allerdings zeigt sich daran, dass eine »aphoristische« Darstellungsweise für Schelling noch keineswegs per se einen Widerspruch zum »System« enthielt.

Schelling selbst habe, so schreibt er in den *Aphorismen*, »diejenigen Grundsätze, die nöthig sind, um der Naturphilosophie im Besondern zu folgen, nicht doctrinal, oder so, dass ich jederzeit nach strenger Art die Beweise führte, sondern mehr historisch, zum Zeugnis der Sache, vorausschicken wollen«. Es handelt sich somit um Abschnitte einer genetischen Darstellung, die jedoch im Gegensatz zur strengeren Form des durchkompo-

Schelling diese Stücke nicht als Aphorismen bezeichnet hat. Der Text gliedert sich jedoch, wie die *Aphorismen über die Naturphilosophie*, in aufeinander aufbauende, nummerierte Abschnitte.

[66] Schelling Eschenmayer, Brief vom 30. Juli 1805, in: Plitt (Hg.), Aus Schellings Leben, Bd. II, S. 60–62, hier: 60.

nierten Textes einzelne Motive freier variieren und von verschiedenen Seiten her beleuchten kann. Damit nähert sie sich dem Medium der literarischen Debatte an und entfernt sich von der klassischen Form des Traktats. Die *Aphorismen* sind in einem anschaulichen Stil verfasst und mit zahlreichen Beispielen illustriert. Ihr Verfasser trägt sie »in einer zwar assertorischen, aber doch eingängigen, werbenden Sprache vor«[67].

Sucht man nach Vorläufern für diese Form, so muss man zweifellos die *Philosophischen Aphorismen* (1782–1800) von Ernst Platner erwähnen. Diesem war Schelling, wie wir schon sahen, bereits in Leipzig begegnet, wobei nicht sicher ist, ob er ihn damals schon als den Verfasser der *Aphorismen* kannte. (In dem entsprechenden Brief an die Eltern nennt er ihn lediglich den »berühmten Arzt und Philosophen [...], der alles hat, was im Umgang angenehm machen kann«[68], erwähnt jedoch die *Aphorismen*, soweit ich sehe, nirgends.) Trotzdem ist es nicht ausgeschlossen, dass Schelling Platners Werk kannte, zumal dieses seinerzeit außerordentlich populär gewesen ist und im Laufe der Jahre mehrere Auflagen erlebte. Das gilt zumal für die Ausgabe von 1800, laut Platner gegenüber den vorigen Versionen »ein ganz neues Buch«[69], in dem er sich verstärkt mit den Themen der kantischen Philosophie beschäftigt. Dazu kommt, dass Platner als Mediziner selbst jenen Spagat zwischen Naturwissenschaft und Philosophie vollführte, zu welchem auch Schelling mit den *Jahrbüchern* antrat.

Schelling selbst bezieht sich (in der Anmerkung zum 64. Aphorismus und noch einmal in der *Allgemeinen Anmer-*

[67] Walter Jaeschke, Andreas Arndt, Die Philosophie der Neuzeit, Bd. 3, Teil 2: Klassische Deutsche Philosophie von Fichte bis Hegel, München 2013, S. 213.

[68] Schelling an seine Eltern, Brief vom 29. April [17]96, in: Aus Schellings Leben, Bd. I: 1775–1803, hg. v. G. L. Plitt, Leipzig 1869, S. 110–118, hier: 111.

[69] Ernst Platner, Philosophische Aphorismen nebst einigen Anleitungen zur philosophischen Geschichte. Anderer Theil, Leipzig 1800, S. III.

kung) auf den »Verfasser der *Aphorismen über das Absolute*«, Gottlob Ernst Schulze (1761–1833). Dieser ist noch heute besser bekannt unter dem Pseudonym des *Aenesidemus* – so der Titel einer von ihm verfassten und weithin beachteten Kant-Kritik (1792), die zu den formativen Werken der idealistischen Philosophie zählt.[70] Fichte widmete ihr 1794 seine *Recension des Aenesidemus*, der wiederum Schelling einen wichtigen Impuls für *Über die Möglichkeit* verdankte.[71] 1803 erwies sich nun eben dieser Schulze in einer mit *Aphorismen über das Absolute* betitelten Satire[72] als scharfzüngiger Kritiker der neueren Philosophie. Adressiert sind die (anonym veröffentlichten) *Aphorismen* zwar nicht direkt an eine bestimmte Person; ihr Tonfall, der die Sprache der *Wissenschaftslehre* wie der Identitätsphilosophie gleichermaßen imitiert, lassen zunächst sogar an »ein Werk aus dem Umkreis Schellings und Hegels, wenn nicht gar aus ihrer eigenen Feder«[73] denken. In Wirklichkeit jedoch parodiert Schulze gekonnt deren Vokabular (Absolutes, Nicht-Ich …) und den weihevollen Klang der persönlichen Anrede, derer sich auch Schelling häufig bedient. Er versucht, den Idealismus als irrationale Mystik zu deklassieren, die sich vom Primat der Ratio entfernt habe und stattdessen einer romantischen Spekulation huldige:

70 Aenesidemus oder über die Fundamente der von dem Herrn Professor Reinhold in Jena gelieferten Elementar-Philosophie. Nebst einer Vertheidigung des Skepticismus gegen die Anmassungen der Vernunftkritik, o.O. 1792.

71 Vgl. Tilliette, Schelling, S. 29.

72 [Gottlob Ernst Schulze,] Aphorismen über das Absolute. Von einem für dieses Mal ungenannten, aber nichts weniger als unbekannten Verfasser, in: Neues Museum der Philosophie und Litteratur, Bd. I, H. 2 (1803), S. 107–148. Wiederabgedruckt in: Transzendentalphilosophie und Spekulation. Der Streit um die Gestalt einer ersten Philosophie (1799–1807). Quellenband, hg. v. Walter Jaeschke, S. 337–355.

73 Walter Jaeschke, Hegel-Handbuch. Leben – Werk – Schule, [Stuttgart] [3]2016, S. 125, Sp. 2.

> »Es kann […] auch nicht die Erkenntniß des Göttlichen und die Einsicht davon, daß es wahrhaft ist, jemanden durch Worte und Unterricht beygebracht werden. Jeder muß vielmehr diese Einsicht dadurch aus dem Absoluten selbst nehmen […]. Diese zur Erkenntnis des Göttlichen führende Kunst laßt uns jetzt beschreiben.«[74]

Schelling begnügt sich in den *Aphorismen zur Einleitung* gleichwohl etwas herablassend damit, Schulze den »trefliche[n] Aufsatz: *Ueber das Verhältniss des Skepticismus zur Philosophie und seine verschiedenen Modificationen etc.* zum genauen Nachlesen zu empfehlen«. Dass ihn der Angriff jedoch keineswegs so kalt ließ, wie er sich hier gibt, zeigt sich daran, dass er ihm in der *Allgemeinen Anmerkung* schließlich doch einige längere Passagen gewidmet hat, in denen er sich dann selbst als humorvoller Satiriker erweist:

> »Die Rede ist von den schon einmal erwähnten *Aphorismen über das Absolute*, deren Scherz der Herausgeber der Zeitschrift, in welcher sie erschienen, vollkommen Recht hat, für das Beste zu halten, das jene noch ans Licht gefördert und für weit vorzüglicher, als die Langweiligkeit seiner eignen Abhandlungen und der der übrigen würdigen Mitarbeiter. Ich glaube dem Verfasser der Aphorismen hiemit meinen öffentlichen Dank abstatten zu müssen, theils, weil es an sich angenehm ist, das ungebildete Geschrey der deutschen Polemik durch einen Ton von Geist und Laune unterbrochen zu sehen, theils weil er Veranlassung gegeben, dass ein rüstiger Bücherschreiber in diesem Lande seinen Mangel an philosophischer Beurtheilungskraft auch für die Nichtkenner handgreiflich gezeigt hat, indem derselbe in ein Buch, welches ganz mit mönchischer Polemik, nicht gegen meine Lehre, sondern gegen das, was er dafür hält oder so nennt, angefüllt ist […].«

74 [Schulze,] Aphorismen über das Absolute, in: Transzendentalphilosophie und Spekulation, S. 348.

Schelling sah sich durch Schulzes Kritik scheinbar weder genötigt, etwas an seiner Sprache zu verändern, noch empfand er ein Unbehagen dabei, seinem eigenen Texten den Titel »Aphorismen« zu geben, wohlwissend, dass er damit ja gewissermaßen Schulzes Parodie ins Positive verkehrte. Die Aussage hinter dieser demonstrativen Haltung war simpel: Schulze habe zwar *geglaubt*, die Identitätsphilosophie vorgeführt zu haben; in Wirklichkeit habe er diese jedoch gar nicht verstanden und es deswegen letzten Endes nur zu einer misslungenen Pseudo-Parodie (»nicht gegen meine Lehre, sondern gegen das, was er dafür hält«) gebracht. Schelling demonstrierte damit auch, dass er sich von Schulze im Grunde gar nicht getroffen zu fühlen brauchte, und sah deshalb kein Problem darin, seine Texte »Aphorismen« zu nennen.

Davon abgesehen führt Schulzes Text jedoch auf wirkungsvolle Art vor Augen, welchen Ruf sich die Identitätsphilosophie damals in manchen Kreisen schon erworben hatte. Dabei war Schelling an dem Vorwurf des Mystizismus nicht ganz unschuldig. Anleihen bei der platonischen und später auch der Sprache Plotins durchziehen gerade das Frühwerk allenthalben.[75] Dazu gesellte sich ein latenter Einfluss der Mystik des 17. Jahrhunderts, welcher sich im letzten Teil der *Aphorismen* auf besonders eindrückliche Weise niederschlägt.

Schon früh war Schelling mit der Atmosphäre des sogenannten schwäbischen Pietismus in Berührung gekommen, zuerst im Elternhaus und später im Tübinger Stift.[76] Man darf annehmen, dass dieses geistige Biotop, das von Autoren wie Johann Albrecht Bengel (1687–1752), Christoph Friedrich Oetinger (1702–1782) und Valentin Andreae (1586–1654) geprägt war,

75 Michael Franz hat der Bedeutung Platons für die Entstehung des deutschen Idealismus eine ausführliche Arbeit gewidmet. Vgl. Michael Franz, Tübinger Platonismus. Die gemeinsamen philosophischen Anfangsgründe von Hölderlin, Schelling und Hegel, Tübingen 2012.

76 Tilliette nennt den Pietismus die »unterschwellig wirksame[] Form der Tübinger Philosophie« (vgl. Tilliette, Schelling, S. 23)

seine Spuren im Denken des jungen Schelling hinterlassen hat.[77] Obwohl er sich in seinen Schriften nie direkt auf einen von ihnen bezieht, lässt sich eine Neigung Schellings zur deutschen Mystik bereits früh erkennen. So erfolgt 1802 die erste Nennung Böhmes in einem Brief an August Wilhelm Schlegel, den Schelling bittet,

> »die Quartausgabe von Jakob Böhme für ihn zu kaufen, wenn er sie in Berlin erhalten könnte. Die Oktavausgabe sei ihm, seit er die Quartausgabe gesehen habe, ›wirklich unlieb geworden.‹ Seit 1804 besitzt er die Quartausgabe als Geschenk von Windischmann; bei ihm bedankt er sich brieflich am 25. Februar 1804 für das Geschenk. Die Lektüre wird intensiv, wenn Schelling 1806 nach München kommt und dort auf Franz Baader trifft.«[78]

In den *Kritischen Fragmenten* gibt es eine Stelle, die, ohne dass dieser explizit genannt wird, möglicherweise als Hinweis auf Böhme zu verstehen ist: »Einen beklag' ich, dass ihm so gross Unrecht geschieht. Mystiker schilt ihn das Volk, und er ist, leider, nur mystificirt.« Wenig später entwirft Schelling dann die Vision einer kommenden, authentischen Naturphilosophie »theokritischer« Art, die er klar vom falschen Empirismus der

[77] Robert Schneider hat sich in seinem Buch über *Hegels und Schellings Geistesahnen* (1938) als erster ausführlich mit dieser Rolle der »Schwabenväter« beschäftigt. Inzwischen existieren mehrere Arbeiten zu diesem Thema. Verwiesen sei hier nur auf den ausgezeichneten Aufsatz von Wilhelm G. Jacobs: »… diesen Vorzug haben die theosophischen Systeme, daß in ihnen wenigstens eine Natur ist.« Schelling und die Theosophie, in: Die Realität des Inneren. Der Einfluß der deutschen Mystik auf die deutsche Philosophie, hg. v. Gerhard Stamer, New York 2001, S. 141–153 sowie die Einleitung von Vicki Müller-Lüneschloß zu den erst kürzlich von dieser herausgegeben *Stuttgarter Privatvorlesungen* (Hamburg 2016, S. VII–XLVII). Müller-Lüneschloß' Text gibt einen detaillierten Überblick zu den einzelnen Autoren und geht dabei auch auf die Rolle von Swedenborg ein.

[78] Jacobs, »… diesen Vorzug haben die theosophischen Systeme, daß in ihnen wenigstens eine Natur ist.«, S. 143.

Gegenwart abgrenzt (hier darf man an die Namen Browns und anderer denken):

»Die Natur weiß nicht durch Wissenschaft, sondern durch ihr Wesen, oder auf magische Weise. [...] Einzelne waren und werden seyn, die der Wissenschaft nicht bedürfen, in denen die Natur steht, und die selber in ihrem Sehen Natur geworden sind. Diese sind die wahren Seher, die ächten Empiriker, zu denen die jetzt also sich nennenden sich verhalten, wie zu gottgesandten Propheten pelitische Kannengießer sich verhalten.«[79]

Mit Böhme verband sich für Schelling vor allem das Problem des Abfalls von Gott, der »Ursprung des Bösen«[80]. Für Tilliette lassen sich Bezüge auf die »Bildersprache des Mystikers«[81] dabei besonders in der *Freiheitsschrift* von 1809 ausmachen. Und auch Wilhelm G. Jacobs, der ansonsten eine eher skeptische Position vertritt, was die inhaltlichen Bezüge Schellings auf Böhme anbelangt, stellt dessen Spuren in erster Linie in der *Freiheitsschrift* und den *Weltaltern* fest.[82] Walter Jaeschke und Andreas Arndt aber sind meines Wissen die einzigen, die jene Hinwendung zu mystisch anmutenden Formulierungen bemerkt haben:

> »Erst im fünften und letzten Abschnitt ab (›e) Von den Unterschieden der Qualität im Universum‹) entfernt Schelling sich sprachlich und gedanklich vom ›System‹ von 1804. Er spricht von der ›Liebe‹, ja vom ›Geheimniß der ewigen Liebe‹ (§ 163) und von der ›ewigen Geburt‹ (§§ 170, 173); von der ›Schwere‹ heißt es, sie ›sieht das Herz der Dinge an‹ (§ 181), und in Wendungen, die an Jakob Böhme erinnern, spricht Schelling von der ›Seele‹ der Dinge, ›welche also zwar an sich betrachtet gleich

[79] Kritische Fragmente, in: Jahrbücher der Medicin als Wissenschaft, Bd. II, H. 2 (1807), S. 281–304, hier: 284 f.

[80] Tilliette, Schelling, S. 206. Vgl. die Aphorismen 155 ff.

[81] Ebd.

[82] So habe Schelling beispielsweise den Begriff der »Sehnsucht« von Böhme übernommen. Vgl. Jacobs, »... diesen Vorzug haben die theosophischen Systeme, daß in ihnen wenigstens eine Natur ist.«, S. 152.

dem Centro, relativ aber auf das Ding, das verworrene Gegenbild ihrer Einheit, nur ein Geschöpf des Centri ist‹ (§ 174).«[83]

Eindrucksvoll imaginieren die *Aphorismen* den Sündenfall der Verendlichung, die »Stätte der Einzelheit« als »die ewige Nacht« (III). Und weniger an Böhme fast als an Comenius erinnern dann Bilder wie das von der »Gegenwart des Lichtes« (IX). Dieses bleibt kein kühler Strahl der Vernunft, sondern ist ein Licht, »das für sich, ohne das Dunkel auch nicht sichtbar wäre« (LVI). Die Schöpfung wird zu einem Akt des »Überschwillens« und der »Empfängnis«; sie bleibt kein Vorgang, zu dem man sich nur äußerlich verhalten kann. Für das Urwesen sei es vielmehr eine »Lust [...], sich selbst in sich selbst auf unendliche Weise zu offenbaren« (V). Eine solche Sprache hat im Werk bis dato keine Vorläufer. Einzelnes ist mitunter schon vorweggenommen in der *Neuen Zeitschrift*, so etwa die »ewige Geburt« in dem Aufsatz über die *Speculative Bedeutung der (Keplerschen) Gesetze*. Das aber zeigt, dass sich hier eine anfangs noch subkutane Bewegung vollzieht, die, ehe sie sich in den großen Schriften äußert, nach und nach bereits in den Aufsätzen in Erscheinung tritt, die Schelling damals für die verschiedenen Zeitschriften schreibt.

Die drei Teile der *Aphorismen* markieren vor diesem Hintergrund nicht nur zeitlich den Abschluss der Würzburger Periode und damit das Ende der ersten Schaffensperiode Schellings. Sie enthalten zugleich auch den Übergang von der frühen, von Kant und Fichte ausgehenden Identitätsphilosophie hin in »ein langsames Abdriften zu den dunklen Bereichen des Seins«[84], denen

[83] Walter Jaeschke, Andreas Arndt: Die Klassische Deutsche Philosophie nach Kant. Systeme der reinen Vernunft und ihre Kritik 1785–1845. München 2012, S. 215. Tilliette sieht die *Aphorismen* stärker durch den Bezug auf Plotin geprägt (vgl. Tilliette, Schelling, S. 184) – im Gegensatz zu Arndt und Jaeschke, die in ihnen gerade eine Loslösung von den Kategorien der »Emanation« und »Privation« erblicken.

[84] Ebd., S. 177.

sich Schelling nach 1806 verstärkt zuwendet. Die Überwindung der kantischen Spaltung ist nur um den Preis einer radikalen Immanenz zu haben: »Umsonst versuchst du diesen Kreis zu durchbrechen, einen Punkt zu finden, wo du ihn anfassen möchtest, oder einen Ort des Anfangs. Alles ist in diess Ganze nur ewig aufgenommen, als in einen magischen Kreis« (XXXVII). Damit ist das Denken vor die Aufgabe gestellt, »diess Ganze« ohne Rückgriff auf ein höheres Absolutes zu deuten (wie Kant). Vielmehr fordert unsere Welt immer schon eine Auslegung als Ganzes und zu diesem gehört auch das, was es nicht umfasst: der ihm innewohnende Mangel.

Tatsächlich lassen die *Aphorismen* überall schon ein Lautwerden jener Frage nach dem Endlichwerden der Natur vernehmen, welche auf das Bild einer in sich zerrissenen Schöpfung und die »einsamen Qualen des Urwesens«[85] hindeutet, das sogar den Gott selbst erst aus sich hervorbringen muss. Äußerlich dominiert zunächst noch das Bild der umfänglichen All-Einheit, in der »das Einzelnste selbst [...], durch seine Existenz, gerade weil es dies ist, der unmittelbarste Wiederschein Gottes und der Totalität« ist. Andererseits taucht an den Konturen dieses Lichtscheins schon das Dunkle »einer unerschaffnen Materie« auf, eines Dunklen, das Schelling notgedrungen in die göttliche Immanenz *hinein*holen muss, will er nicht wie Fichte in den Abgrund stürzen, das Nicht-Erschaffene als ein Gleichursprüngliches zu setzen: »Aus Gott folgt: und ist nur die Realität, die Vollkommenheit der Dinge; was daher an ihnen Position, Wesenheit ist, ist das Gotterschaffne an ihnen; was dagegen nicht Vollkommenheit ist, ist an ihnen materia *increata,* ist das von Gott Unerschaffne, das Nichtige.« Hier vollzieht sich die *systematische* Voraussetzung für das, was die folgenden Untersuchungen wesentlich ausmacht: das Ausloten des Dunklen in der Natur und damit in uns selbst, welches die *Aphorismen* in den Übergang von der Natur- zur Freiheitsphilosophie stellt.

85 Ebd., S. 364.

Arndt und Jaeschke zählen die *Aphorismen* zu jener Linie der »Veröffentlichungen und Manuskripte, die der ›Systemform des Absoluten und des absoluten Wissens, also der systematischen Aus- und Umarbeitung der Identitätsphilosophie selber gewidmet sind [...].«[86] Gleichzeitig vertreten sie die Ansicht, dass Schelling in ihnen durch die »Prolongierung identitätsphilosophischer Konzeptionen die Sprengkraft des neu gemachten ›Anfangs‹ verschleiert«[87] habe. (Mit dem »Anfang« ist hier *Philosophie und Religion* (1804) gemeint, ein früher Vorläufer der *Freiheitsschrift*.) Dass dies in einer solchen Pauschalität nicht zutrifft, habe ich versucht, hier zumindest anzudeuten. Trotz der damit nur umrissenen Bedeutung der, wie Tilliette sie nennt, »wertvollen *Aphorismen*«[88] sind diese in der Forschung bisher sogut wie nicht beachtet worden. Frank ist der Ansicht, man müsse sie aus »Gründen der Gerechtigkeit« zumindest »erwähnen, obwohl sie den Horizont der größeren Texte nicht überschreiten«.[89] Der Herausgeber möchte mit Hilfe der vorliegenden Edition diesem bis heute weitgehend unbeachtet gebliebenen Teil von Schellings Werk dazu verhelfen, die ihm gebührende Aufmerksamkeit und also eine gerechtere Behandlung zu erfahren.

86 Jaeschke, Arndt, Klassische Deutsche Philosophie von Fichte bis Hegel, S. 362.

87 Ebd., S. 489.

88 Tilliette, Schelling, S. 142.

89 Frank, Eine Einführung in Schellings Philosophie, S. 113.

Editorische Bemerkung

Zur Textgestalt

Der Edition wurden die Drucktexte aus den *Jahrbüchern der Medicin als Wissenschaft* zugrunde gelegt, deren Originalpaginierung innenstehend im Kolumnentitel mitgeführt wird. Seitenwechsel der Originale werden im Text durch einen senkrechten Trennstrich (|) angegeben.[90] Die Paginierung von Bd. 2, H. 2 der *Jahrbücher*, worin sich der zweite Teil der *Aphorismen* befindet, ist fehlerhaft. Nach Seite 123 setzt die Nummerierung wieder mit 120 ein, darauf folgen 121, 126, 127, 124, 125, 130, 131, 128, 129, 134 und 137, ab wo die Seitenzählung dann wieder korrekt ist. Die Zählung in den Kolumnentiteln entspricht dieser Abfolge des Originals.

Auf die Beibehaltung der Textgestalt wurde besonderer Wert gelegt. In allen Fällen unverändert blieb die Orthographie. Weder wurden die manchmal abweichende Schreibweise einzelner Wörter vereinheitlicht noch an der zum Teil sehr eigenwilligen Interpunktion Schellings etwas geändert. Übernommen wurden Kursivierungen und Sperrungen der Vorlage. Lediglich einige der zu Schellings Zeit üblichen Auszeichnungsformen (Schriftgrößenwechsel und Sperrdruck bei Überschriften, Zierlinien sowie Schmuckinitialen) wurden nicht berücksichtigt.

Die Orthographie der 1860 durch Karl Friedrich August Schelling besorgten Gesamtausgabe erwies sich bei stichprobenhaftem Abgleich als abweichend vom Original[91] sowie als

[90] Einzelnachweise befinden sich am Ende des Bandes.

[91] So wurde von K. F. A. Schelling beispielsweise die Großschreibung mancher Wörter getilgt, auch wenn ihr eine bedeutungstragende Funktion zukommt. Zum Beispiel schreibt Schelling im Aph. CLXXVIII: »Das Wesen der Seele und das Wesen des Leibes ist nothwendig nur Ein und dasselbe Wesen. Denn es ist (CLXXIII.) Ein und dasselbe Band Eines und desselben

teilweise fehlerhaft in Bezug auf die Interpunktion. Aus diesem Grund wurden für die vorliegende Ausgabe alle Texte nach den Originaldrucken neu übertragen.

Dem ersten Band der *Jahrbücher* war ein Druckfehlerverzeichnis beigefügt, in dem für die *Aphorismen zur Einleitung in die Naturphilosophie* insgesamt 30 einzelne Verbesserungen aufgeführt sind. Die entsprechenden Berichtigungen waren bereits in der ersten Gesamtausgabe ausgeführt worden[92] und wurden für die vorliegende Edition ohne besondere Kennzeichnung übernommen. Im Gegensatz zu den *Sämmtlichen Werken* und der auf ihnen aufbauenden Werkausgabe von Manfred Schröter (1927) ist hier jedoch erstmals eine vollständige Übersicht aller Korrekturen wiedergegeben. Nachweise von eventuellen Druckfehlern für die beiden letzten Teile der *Aphorismen* existieren nicht, da die folgenden Hefte der *Jahrbücher* über keine Druckfehlerverzeichnisse mehr verfügten.

Die wenigen vom Herausgeber durchgeführten Corrigenda sind ebenso wie Schellings Korrekturen am Ende des Bandes nachgewiesen.

Zur Textgenese

Handschriftliche Vorarbeiten zu den *Aphorismen* sind nicht heute mehr vorhanden, da die Manuskripte in der Regel, sobald sie gesetzt waren, vernichtet wurden.[93] Dies macht es leider un-

Daseyns, nur von verschiednen Seiten betrachtet.« In der Version von 1860 heißt es dafür: »Das Wesen der Seele und das Wesen des Leibes ist nothwendig nur ein und dasselbe Wesen. Denn es ist (CLXXIII.) ein und dasselbe Band eines und desselben Daseyns, nur von verschiednen Seiten betrachtet.« (Friedrich Wilhelm Joseph von Schellings sämmtliche Werke. Erste Abtheilung. Siebenter Band: 1805–1810, hg. v. K. F. A. Schelling, Stuttgart/Augsburg 1860, S. 233).

92 Vgl. ebd., S. 140–197.

93 Diesen Hinweis verdanke ich Herrn Dr. Christoph Binkelmann von der Bayerischen Akademie der Wissenschaften.

möglich, die Genese der *Aphorismen* im Einzelnen nachzuvollziehen und die Vorstufen mit den Drucken zu vergleichen. Spärliche Hinweise zum Entstehungsprozess lassen sich immerhin den Briefen entnehmen. So kündigt Schelling am 22. Dezember 1804 Eschenmayer an, das erste Heft der *Jahrbücher* werde »eröffnet durch Aphorismen über Naturphilosophie, wo bei Gelegenheit der ersten Grundsätze auch Ihrer vielmals Meldung geschehen muß«.[94] Und am 19. Februar 1805 schickt er Windischmann »wieder neue Aphorismen«[95]. Die Formulierung lässt darauf schließen, dass er zuvor bereits einen weiteren Teil verfasst (und ebenfalls an Windischmann geschickt) hatte. Wann genau Schelling jedoch mit der Abfassung der einzelnen Teile begonnen und diese jeweils abgeschlossen hat, lässt sich heute nicht mehr rekonstruieren.

Gegenwärtiger Bestand der Jahrbücher der Medicin als Wissenschaft

Vollständige Druckexemplare der *Jahrbücher* befinden sich heute, entgegen den Angaben Krabbes[96], noch in der Staatsbibliothek zu Berlin (Preußischer Kulturbesitz), der Bayerischen Staatsbibliothek, den Universitäts- und Landesbibliotheken München, Bonn, Jena und Halle, den Universitätsbibliotheken Greifswald, Tübingen und Frankfurt am Main (Bibliothek Johann Christian Senckenberg), der Universitätsbibliothek der Humboldt-Universität Berlin, der Universitätsbibliothek der

[94] Schelling an Eschenmayer, Brief vom 22. Dec. 1804, in: Aus Schellings Leben. In Briefen, Bd. II: 1803–1820, hg. v. G. L. Plitt, Leipzig 1870, S. 45–46, hier: 46.

[95] Schelling an Windischmann, Brief vom 19. Febr. 1805, in: ebd., S. 51.

[96] Vgl. Bernhard Krabbe, Die »Jahrbücher der Medicin als Wissenschaft« (1805–1808), Inaugural-Dissertation, Westfälische Wilhelms-Universität 1984, S. 24, der vollständige Exemplare nur für Münster und Düsseldorf nennt.

Freien Universität Berlin, den Universitätsbibliotheken Heidelberg, Freiburg und Erlangen, in der Bibliothek der Leopoldina in Halle, der Württembergischen Landesbibliothek Stuttgart, der Hochschul- und Landesbibliothek Wiesbaden sowie der Universitätsbibliothek in Bayreuth. Einzelne Hefte befinden sich darüber hinaus in Düsseldorf, Marburg, Göttingen, Wolfenbüttel, Weimar, Rostock, Schwerin, Münster, Köln und Leipzig. In der Universitätsbibliothek der LMU München befindet sich der erste Band der *Jahrbücher* aus der Bibliothek von Ignaz von Döllinger (unter der Signatur 8 Döll. 17438). Goethe besaß in seiner Privatbibliothek das erste Heft von 1805. In diesem befinden sich handschriftliche Korrekturen in Bleistift auf mehreren Seiten (die wohl allerdings nicht auf Goethe selbst zurückgehen).[97]

[97] Für diese Informationen danke ich herzlich Herrn Dr. Stefan Höppner und Frau Ulrike Trenkmann von der Klassik Stiftung Weimar.

Bibliographie

Ausgaben der Aphorismen

Aphorismen zur Einleitung in die Naturphilosophie, in: Jahrbücher der Medicin als Wissenschaft, Bd. I, H. 1 (1805), S. 3–88. Wiederabgedruckt in: Allgemeine medizinische Annalen des neunzehnten Jahrhunderts (Febr. 1806), Sp. 97–134 [dieser Abdruck enthält nur Auszüge, denen eine kurze Rezension vorangestellt ist].

–: Friedrich Wilhelm Joseph von Schellings sämmtliche Werke. Erste Abtheilung. Siebenter Band: 1805–1810, hg. v. K. F. A. Schelling, Stuttgart / Augsburg 1860, S. 140–197.

–: Schellings Werke, Vierter Hauptband: Schriften zur Philosophie der Freiheit. 1804–1815, München 1958 [1927], S. 74–131.

–: Friedrich Wilhelm Joseph von Schelling, Ausgewählte Schriften, Bd. 3: 1804–1806, Frankfurt a. M. ²1995 [1985], S. 627–686.

–: Fragmente der Frühromantik, Band 1: Edition, hg. v. Friedrich Strack, Martine Eicheldinger, Berlin / Boston 2011, S. 269–282 [enthält nur die ersten 80 Aphorismen].

Aphorismen über die Naturphilosophie. Der Naturphilosophie Erster oder Allgemeiner Theil, in: Jahrbücher der Medicin als Wissenschaft, Bd. I, H. 2 (1806), S. 3–36. Wiederabgedruckt in: Friedrich Wilhelm Joseph von Schellings sämmtliche Werke I/7, S. 198–220.

–: Schellings Werke, Vierter Hauptband, S. 132–154.

–: Schelling, Ausgewählte Schriften 1804–1806, S. 687–711.

Aphorismen über die Naturphilosophie. Der Naturphilosophie Erster oder allgemeiner Theil. (Beschluss), in: Jahrbücher der Medicin als Wissenschaft, Bd. II, H. 2 (1807), S. 121–158. Wiederabgedruckt in: Friedrich Wilhelm Joseph von Schellings sämmtliche Werke I/7, S. 220–244.

–: Schellings Werke, Vierter Hauptband, S. 154–178.

–: Schelling, Ausgewählte Schriften 1804–1806, S. 711–735.

Literatur (Auswahl)

Aus Schellings Leben, Bd. I: 1775–1803, hg. v. G. L. Plitt, Leipzig 1869.

Aus Schellings Leben. In Briefen, Bd. II: 1803–1820, hg. v. G. L. Plitt. Leipzig 1870.

Becker, Hubert: Ueber die wahre und bleibende Bedeutung der Naturphilosophie Schelling's, [München 1864].

Drews, Arthur: Die Bedeutung Schellings für unsere Zeit, in: Preußische Jahrbücher, Bd. 91 (1898), S. 281–294.

Engelhardt, Dietrich v.: Die organische Natur und die Lebenswissenschaften in Schellings Naturphilosophie, in: Natur und Subjektivität. Zur Auseinandersetzung mit der Naturphilosophie des jungen Schelling. Referate, Voten und Protokolle der II. Internationalen Schelling-Tagung Zürich 1983, hg. v. Reinhard Heckmann, Hermann Krings, Rudolf W. Meyer, Stuttgart-Bad Cannstatt 1985, S. 39–57.

–: Prinzipien und Ziele der Naturphilosophie Schellings – Situation um 1800 und spätere Wirkungsgeschichte, in: Schelling. Seine Bedeutung für eine Philosophie der Natur und der Geschichte, hg. v. Ludwig Hasler, Stuttgart-Bad Cannstatt 1981, S. 77–96.

Frank, Manfred: Eine Einführung in Schellings Philosophie, Frankfurt am Main ^{5}2016 [1985].

Franz, Michael: Tübinger Platonismus. Die gemeinsamen philosophischen Anfangsgründe von Hölderlin, Schelling und Hegel, Tübingen 2012.

Gerabek, Werner E.: Friedrich Wilhelm Joseph Schelling und die Medizin der Romantik, Frankfurt am Main u. w. 1995.

Hartkopf, Werner: Denken und Naturentwicklung. Zur Aktualität der Philosophie des jungen Schelling, in: Natur und geschichtlicher Prozeß. Studien zur Naturphilosophie F. W. J. Schellings. Mit einem Quellenanhang als Studientext und einer Bibliographie, hg. v. Hans Jörg Sandkühler, Frankfurt am Main 1984, S. 83–126.

–: Die Dialektik der Natur bei Schelling, in: Hegel-Jahrbuch (1970), S. 164–169.

–: Schellings Naturphilosophie, in: Philosophia Naturalis 17 (1979), S. 349–372.

Heuser-Keßler, Marie-Luise: Schellings Organismusbegriff und seine Kritik des Mechanismus und Vitalismus, in: Allgemeine Zeitschrift für Philosophie, Bd. 14, H. 2 (1989), S. 17–36.

Jacobs, Wilhelm G.: »... diesen Vorzug haben die theosophischen Systeme, daß in ihnen wenigstens eine Natur ist.« Schelling und die Theosophie, in: Die Realität des Inneren. Der Einfluß der deutschen Mystik auf die deutsche Philosophie, hg. v. Gerhard Stamer, New York 2001, S. 141–153.

Jaeschke, Walter / Arndt, Andreas: Die Klassische Deutsche Philosophie nach Kant. Systeme der reinen Vernunft und ihre Kritik 1785–1845. München 2012.

–: Die Philosophie der Neuzeit, Bd. 3, Teil 2: Klassische Deutsche Philosophie von Fichte bis Hegel, München 2013.

Kowarzik, Wolfdietrich-Schmied: »Von der wirklichen, von der seyenden Natur«. Schellings Ringen um eine Naturphilosophie in Auseinandersetzung mit Kant, Fichte und Hegel, Stuttgart-Bad Cannstatt 1996.

Krabbe, Bernhard: Die »Jahrbücher der Medicin als Wissenschaft« (1805–1808), Inaugural-Dissertation, Westfälische Wilhelms-Universität 1984.

Krings, Hermann: Natur als Subjekt. Ein Grundzug der spekulativen Physik Schellings, in: Natur und Subjektivität, S. 111–128.

Lawrence, Joseph P.: Schellings Philosophie des ewigen Anfangs. Die Natur als Quelle der Geschichte, Würzburg 1989 (Traditionserkenntnis und Zeitkritik. Philosophische Korrekturen, Bd. 2).

Mende, Erich: Der Einfluß von Schellings ›Princip‹ auf Biologie und Physik der Romantik, in: Philosophia Naturalis 15 (1975), S. 461–485.

Meyer, Rudolf W.: Zum Begriff der spekulativen Physik bei Schelling, in: Natur und Subjektivität, S. 129–155.

Moiso, Francesco: Zur Quellenforschung der Schellingschen Naturphilosophie, in: Schelling. Seine Bedeutung für eine Philosophie der Natur und der Geschichte. Referate und Kolloquien der Internationalen Schelling-Tagung Zürich 1979, hg. v. Ludwig Hasler, Stuttgart-Bad Cannstatt 1981, S. 153–159.

Müller-Lüneschloß, Vicki: Einleitung, in: F. W. J. Schelling: Stuttgarter Privatvorlesungen, hg. v. Vicki Müller-Lüneschloß, Hamburg 2016, S. VII–XLVII.

Naturphilosophie nach Schelling, hg. v. Thomas Bach, Olaf Breidbach, Stuttgart-Bad Cannstatt 2005 (Schellingiana. Quellen und Abhandlungen zur Philosophie F. W. J. Schellings, Bd. 17).

Nobis, Heribert M.: Frühneuzeitliche Verständniswesen der Natur und ihr Wandel bis zum 18. Jahrhundert, in: Archiv für Begriffsgeschichte 11 (1967), S. 37–58.

Neubauer, John: Novalis und die Ursprünge der romantischen Bewegung in der Medizin, in: Sudhoffs Archiv 53 (1969), S. 160–170.

Platner, Ernst: Philosophische Aphorismen nebst einigen Anleitungen zur philosophischen Geschichte. Anderer Theil, Leipzig 1800.

Röschlaub, Andreas: Untersuchungen über die Pathogenie oder Einleitung in die medicinische Theorie, 3 Bde, Frankfurt am Main 1798–1800.

Rothschuh, Karl E.: »Schellings Konzept einer naturphilosophischen Medizin«, in: ders.: Konzepte der Medizin, Stuttgart 1978, S. 5–15.

Ruben, Peter: Schelling und die romantische deutsche Naturphilosophie, in: Natur. Kunst. Mythos. Beiträge zur Philosophie F. W. J. Schellings, hg. v. Steffen Dietzsch, Berlin 1978 (Schriften zur Philosophie und Geschichte, Bd. 13), S. 37–51.

Sandkühler, Hans Jörg: Natur und geschichtlicher Prozeß. Von Schellings Philosophie der Natur und der Zweiten Natur zur Wissenschaft der Geschichte, in: Natur und geschichtlicher Prozeß, S. 13–80.

Schelling, Friedrich Wilhelm Joseph: Abhandlungen zur Erläuterung des Idealismus der Wissenschaftslehre. Geschrieben in den

Jahren 1796 und 1797. Zweiter Abdruck 1809, in: Sämmtliche Werke. Erste Abtheilung. Erster Band: 1792–1797, hg. v. K. F. A. Schelling Stuttgart / Augsburg 1856, S. 343–452.
–: Allgemeine Uebersicht der neuesten philosophischen Litteratur, in: Philosophisches Journal einer Gesellschaft teutscher Gelehrten, Bd. VI, H. 2 (1797), S. 182–214.
–: Benehmen des Obscurantismus gegen die Naturphilosophie, in: Neue Zeitschrift für speculative Physik, Bd. I, H. 1 (1802), S. 161–185.
–: Briefe und Dokumente, Bd I: 1775–1800, hg. v. Horst Fuhrmans, Bonn 1962, S. 336–338.
–: Die vier edlen Metalle, in: Neue Zeitschrift für speculative Physik Bd. I, H. 3 (1802), S. 92–109.
–: Einleitung zu seinem Entwurf eines Systems der Naturphilosophie. Oder: Ueber den Begriff der speculativen Physik und die innere Organisation eines Systems dieser Wissenschaft, Jena / Leipzig bei Christian Ernst Gabler. 1799.
–: Erster Entwurf eines Systems der Naturphilosophie, Jena / Leipzig bei Christian Ernst Gabler 1799.
–: Ideen zu einer Philosophie der Natur, Leipzig bei Breitkopf und Härtel 1797.
–: Ideen zu einer Philosophie der Natur. Als Einleitung in das Studium dieser Wissenschaft. Erster Theil, Landshut [2]1803.
–: Kritische Fragmente, in: Jahrbücher der Medicin als Wissenschaft, Bd. II, H. 2 (1807), S. 281–304.
–: Philosophische Briefe über den Dogmaticismus und Kriticismus, in: Philosophisches Journal einer Gesellschaft Teutscher Gelehrter, hg. von Friedrich Immanuel Niethammer, Bd. II, H. 3 (1795), S. 177–203 u. Bd. III, H. 3 (1795), S. 173–239.
–: Ueber Mythen, historische Sagen und Philosopheme in der ältesten Welt. 1793, in: Schellings Werke, Erster Hauptband: Jugendschriften 1793–1798, hg. v. Manfred Schröter, S. 1–43
–: Vom Ich als Princip der Philosophie oder über das Unbedingte im menschlichen Wissen, Jakob Friedrich Heerbrandt: Tübingen 1795.

–: Von der Weltseele, eine Hypothese der höheren Physik zur Erklärung des allgemeinen Organismus. Zweyte verbesserte Auflage Nebst einer Abhandlung über das Verhältniß des Realen und Idealen in der Natur oder Entwicklung der ersten Grundsätze der Naturphilosophie an den Principien der Schwere und des Lichts, Hamburg 1806.

–: Von der Weltseele. eine Hypothese der höhern Physik zur Erklärung des allgemeinen Organismus, Hamburg bei Friedrich Perthes 1798.

–: Zur Geschichte der Neueren Philosophie. Münchener Vorlesungen. (Aus dem handschriftlichen Nachlaß), in: Friedrich Wilhelm Joseph von Schellings sämmtliche Werke. Erste Abtheilung. Zehnter Band, hg. v. K. F. A. Schelling. Stuttgart/Augsburg 1861, S. 1–200.

Stein, Robert: Naturwissenschaftliche Romantiker, in: Sudhoffs Archiv 15 (1923), S. 121–125.

[Schulze, Gottlob Ernst]: Aenesidemus oder über die Fundamente der von dem Herrn Professor Reinhold in Jena gelieferten Elementar-Philosophie. Nebst einer Vertheidigung des Skepticismus gegen die Anmassungen der Vernunftkritik, o.O. 1792. Neuausgabe: [Gottlob Ernst Schulze:] Aenesidemus oder über die Fundamente der von dem Herrn Professor Reinhold in Jena gelieferten Elementar-Philosophie: Nebst einer Verteidigung des Skpetizismus gegen die Anmaßungen der Vernunftkritik, hg. v. Manfred Frank, Hamburg 1996.

–: Aphorismen über das Absolute. Von einem für dieses Mal ungenannten, aber nichts weniger als unbekannten Verfasser, in: Neues Museum der Philosophie und Litteratur, Bd. I, H. 2 (1803), S. 107–148. Wiederabgedruckt in: Transzendentalphilosophie und Spekulation. Der Streit um die Gestalt einer ersten Philosophie (1799–1807). Quellenband, hg. v. Walter Jaeschke, S. 337–355.

Szilasi, Wilhelm: Schellings Beitrag zur Philosophie des Lebens, in: ders., Philosophie und Naturwissenschaft, Bern 1961, S. 52–75.

Tilliette, Xavier: Schelling. Biographie, üb. v. Susanne Schaper, Stuttgart ²2004.

Toellner, Richard: Randbedingungen zu Schellings Konzeption der Medizin als Wissenschaft, in: Schelling. Seine Bedeutung für eine Philosophie der Natur und der Geschichte, S. 117–128.

Tsouyopoulos, Nelly: Andreas Röschlaub und die Romantische Medizin. Die philosophischen Grundlagen der modernen Medizin, Stuttgart/New York 1982 (Medizin in Geschichte und Kultur, Bd. 14).

–: Der Streit zwischen Friedrich Wilhelm Schelling und Andreas Röschlaub über die Grundlagen der Medizin, in: Medizinhistorisches Journal. Internationale Vierteljahresschrift für Wissenschaftsgeschichte, Bd. XIII, H. 13 (1978), S. 229–246.

–: Schellings Konzeption der Medizin als Wissenschaft und die »Wissenschaftlichkeit« der modernen Medizin, in: Schelling. Seine Bedeutung für eine Philosophie der Natur und der Geschichte, S. 107–116.

Archivalien

Schelling, Friedrich Wilhelm Joseph: Ein Entwurf »Über den Abfall der Welt von Gott« (Manuskript, 12 Bl.). Schelling-Nachlass der Berlin-Brandenburgischen Akademie der Wissenschaften (BBAW), Signatur Nr. 122/1.

Schelling, Friedrich Wilhelm Joseph: Nähere Bestimmungen der äußeren und inneren Einrichtung der Jahrbücher für Medizin als Wissenschaft (Manuskript, 2 Bl.). Schelling-Nachlass der Berlin-Brandenburgischen Akademie der Wissenschaften (BBAW), Signatur Nr. 119.

Windischmann, Karl Joseph Hieronymus: Bemerkungen von Windishmann zu Schellings »Aphorismen zur Einleitung in die Naturphilosophie«, mit »Stellen aus Plotinos« von Windischmanns Hand und 1 Zettel von Schellings Hand (Manuskript, 10 Bl.). Schelling-Nachlass der Berlin-Brandenburgischen Akademie der Wissenschaften (BBAW), Signatur Nr. 135.

Danksagung

Mein Dank gilt Anne-Sophie Kahnt für das Lektorat der Einleitung und ihre ausdauernde und gewissenhafte Unterstützung bei der abschließenden Durchsicht des Manuskriptes. Die vielen Stunden, die wir mit dem gemeinsamen Gegenlesen der Texte verbracht haben, haben maßgeblich dazu beigetragen, der vorliegenden Edition ihre endgültige Gestalt zu verleihen.

FRIEDRICH WILHELM JOSEPH SCHELLING

Aphorismen über die Naturphilosophie

Aphorismen zur Einleitung in die Naturphilosophie.

1. Es giebt keine höhere Offenbarung weder in Wissenschaft, noch in Religion oder Kunst, als die der Göttlichkeit des All: ja von dieser Offenbarung fangen jene erst an und haben Bedeutung nur durch sie.

2. Wo nur immer, auch bloss vorübergehend, jene Offenbarung geschehen ist: da war Begeisterung, Abwerfung endlicher Formen, Aufhören alles Widerstreits, Einigkeit und wunderbare Uebereinstimmung, oft durch lange Zeitalter getrennt, bey der grössten Eigenthümlichkeit der Geister, allgemeines Bündniss der Künste und Wissenschaften, ihre Frucht.

3. Wo das Licht jener Offenbarung schwand, und die Menschen die Dinge nicht aus dem All, sondern aus einander, nicht in der Einheit, sondern in der Trennung erkennen und eben so sich selbst in der Vereinzelung und Absonderung von dem All begreifen wollten: da seht ihr die Wissenschaft in weiten Räumen verödet, mit grosser Anstrengung geringe Fortschritte im Wachsthum der Erkenntniss, Sandkorn zu | Sandkorn gezählt, um das Universum zu erbauen: ihr seht zugleich die Schönheit des Lebens verschwunden, einen wilden Krieg der Meynungen über die ersten und wichtigsten Dinge verbreitet, alles in Einzelheit zerfallen.

4. Aller Widerstreit in der Wissenschaft kann seiner Natur nach nur Eine Quelle haben, das Absehen von dem, welches als das Allselige keinen Widerstreit in sich haben kann. Die sich gegen die Idee der Einheit setzen, streiten für nichts anderes als für den Widerstreit selbst, an welchem ihr Daseyn hängt. Sind alle falschen Systeme, sind die Ausartungen in der Kunst, die Verirrungen in der Religion nur eben so viele Folgen jener Abstraction: so kann auch die Wiedergeburt aller Wissenschaften

und aller Theile der Bildung nur von der Wiedererkennung des All und seiner ewigen Einheit beginnen.

5. Diese Erkenntniss ist kein Licht, das blos äusserlich leuchtet, sondern es regt innerlich an und bewegt die ganze Masse menschlicher Bildung; es ist nichts so gross, noch so gering, darinn sie nicht wirksam wäre, und wie sie treibt und schafft im ganzen Baum der Erkenntniss, so auch in jedem einzelnen Zweige derselben.

6. Aber nicht nur die Trennungen der Wissenschaften unter einander sind bloss Abstractionen, sondern auch die der Wissenschaft selbst von der Religion und der Kunst.

7. Wie alle Elemente und Dinge der Natur, als blosse Abstractionen des All, zuletzt eingehen in das | Allleben der Natur, deren Bild die Erde und die Gestirne sind, von denen jedes alle Formen und Arten des Seyns göttlich in sich trägt: so müssen alle Elemente und Schöpfungen des Geistes zulezt gleichfalls zu einem gemeinsamen Leben übergehen, welches höher ist, als das Leben jedes von ihnen insbesondre.

8. Dieses Gesammtleben der Wissenschaft, der Religion und der Kunst, wäre im Ganzen der Menschheit der nach dem göttlichen Vorbilde geformte Staat. Das Verhältniss aber, welches zum Weltbau die Vernunft hat, dasselbe hat zum vollendeten Staat die Philosophie, nämlich dass sie nur in einem solchen ihr eigen Bild dargestellt und lebend erkennen mag.

9. Die Wissenschaft ist die Erkenntniss der Gesetze des Ganzen, also des Allgemeinen. Religion aber ist Betrachtung des Besondern in seiner Gebundenheit an das All. Sie weiht den Naturforscher zum Priester der Natur durch die Andacht, womit er das Einzelne pflegt. Sie weist dem Trieb zum Allgemeinen die ihm durch Gott gesetzten Schranken an, und vermittelt so als ein heiliges Band die Wissenschaft mit der Kunst, welche die Ineinsbildung des Allgemeinen und Besondern ist.

10. Wie im Staat die Gesetzgebung nichts ist ohne den Heroismus der Erhaltung und die Religion der Beobachtung im Einzelnen, und wie nur die Vereinigung des Allgemeinen der ers-

ten mit der Besonderheit aller und eines jeden, durch den das Ganze, nicht mechanisch, sondern kunstmässig, beseelenden und | regierenden Geist, die vollkommne Schönheit des öffentlichen Lebens gebiert: so gelangt Philosophie nur in der wirklichen Durchdringung der Wissenschaft mit der Religion und der Kunst zu der ihrer Idee gemässen Göttlichkeit.

11. Nicht allein das Auge sieht sich nimmer satt und das Ohr hört sich nimmer satt: auch die Vernunft wird nicht satt von Betrachtung. Diess kann der Wissenschaft in ihrer Absonderung entgegengesetzt werden, dass den Gedanken des All niemand auszudenken noch auszureden vermag. Als Gesetzgebung auf die Beschlossenheit dringend, hat sie nothwendig eine andre Seite, von der sie offen und unbegränzt ist, deren Anerkennung die Religion in ihr ist.

12. Diese dagegen verliert sich in der Hingebung an das Besondere, ohne die Rükkehr auf das schlechthin Allgemeine, das All, nothwendig in Superstition und ich frage jeden Unbefangnen, ob er die Vorstellungen, die ein oft frommer Eifer ohne Kenntniss der Gesetze des All sich von den einzelnen Dingen und Erscheinungen der Natur gemacht hat, anders zu bezeichnen wüsste?

13. Das Endliche nur aufgelöst im Unendlichen zu sehen, ist der Geist der Wissenschaft in ihrer Absonderung: das Unendliche in der ganzen Begreiflichkeit des Endlichen in diesem zu schauen ist der Geist der Kunst.

14. Mit dem Ernst der Wissenschaft jene Gesetze darstellend, in denen, nach dem Ausdruck eines Alten, der unsterbliche Gott lebt, aber mit gleicher Liebe | das Besondre, das Einzelnste selbst umfassend, das All in ihm darzustellen, und so das Allgemeine und Besondre auf unendliche Weise ineins bildend ist der Geist wahrer Philosophie.

15. In welcher Form sich übrigens diese Begeisterung offenbart, ob in dem lyrischen Erguss einer harmonischen Individualität, die den Einklang des Universums in sich wiedertönen lässt, oder mit epischer Ausbreitung und Fülle die Geschichte

des Universums dichtend, oder endlich in streng plastischer Begränzung, es sey in dem noch herben Styl, den in der Wissenschaft, wie in der Kunst, das System gebiert, oder in dem durch Anmuth gemässigten der schon freyer gewordnen Kunst, oder, in der lezten Vollendung, mit dramatischem Leben, in erhabner Sicherheit über die Sache, wo der tiefste Ernst und das freyeste Spiel sich wechselseitig verklärend sich wechselseitig erheben: diess ist in Bezug auf die Unendlichkeit des Stoffs, (ist nur dieser aus der Allheit geschöpft) und die Philosophie selbst gleichgültig und bezeichnet nur verschiedene Stufen der Bildung und der Reife der Kunst.

16. Gleichwie aber, nach Winkelmanns Worten, der noch herbe und strenge Styl der ältesten Plastik den durch Grazie verschönten Erzeugnissen der späteren Kunst vorangehen musste,[1] und wie nur diejenigen Staaten die Anlage haben, gross zu werden, die von strenger Gesetzgebung beginnen: so muss der Ernst und die Strenge wissenschaftlicher Bildung die Unwissenheit der Gemüther bezwungen haben, bevor die süssern Früchte der Philosophie reifen mögen. Das | Platonische: dass kein in der Geometrie Uneingeweihter hereintrete,[2] gilt in viel allgemeinerer Bedeutung.

17. Nicht Formlosigkeit ist das wahre Unendliche, sondern, was *in* sich selbst begränzt, *von sich* abgeschlossen und vollendet ist. Diese innre Vollendung des Unendlichen, die im Grössten wie im Kleinsten abgedrückt ist, giebt im Einzelnen einen Typus der Betrachtung und im Ganzen ein Systema der Erkenntnisse.

18. Aber nicht nur das Ganze, als Ganzes, ist göttlich. Auch der Theil und das Einzelne ist es für sich. Wäre die wissenschaftliche Form auch bloss das Band um die volle Garbe und ich reichte dir auch nur die einzelne Aehre dar, als ein Gewächs göttlicher Art, du müsstest mir danken. Wie viel mehr, da sie eine innre organische Verbindung ist, wo jeder Theil von der Natur des Ganzen ist, und in sich selbst lebt, wie er in diesem lebt.

19. Wessen ich mich rühme? – Des Einen, das mir gegeben ward, dass ich die Göttlichkeit auch des Einzelnen, die mögliche Gleichheit aller Erkenntniss ohne Unterschied des Gegenstandes, und damit die Unendlichkeit der Philosophie verkündigt habe.

20. In kurzen Sätzen, mit so einfachen Zügen als mir damals möglich schien, habe ich zuerst im Jahr 1801 die Lehre von der Natur und dem All, auf eine neue Weise dargestellt *). Ich habe Ursache gefunden, über manches in dem Theil, wo die Betrachtung in's Besondre eingeht, meine Ansicht zu ver|bessern oder zu ändern, überhaupt sie zu erweitern. Die allgemeinen Gründe aber, wie sie dort aufgestellt sind **), haben sich mir bey jeder folgenden Untersuchung, selbst in dem, was mehr noch aus Divination als aus bewusster Erkenntniss, entsprungen war, zum Wunder bewährt: die Wuth der tobenden Menge, die diese Lehre vom All als einen unter sie geworfnen Zankapfel betrachtete, hat nach meiner besten Einsicht von jenen Sätzen auch nicht Einen nur zweifelhaft gemacht, noch weniger Einen aufzuheben vermocht; und meine einzige Absicht ist, das Ganze und Allgemeine, wie es dort ausgesprochen worden, ferner zu behaupten und in jedes nur mögliche Licht zu stellen.

*) Zeitschrift für spekulative Physik (Jena und Leipzig, IIter Band 2tes Heft.[3]

**) §. 1–50 der in der angeführten Schrift befindlichen Darstellung.

21. Ich danke hiemit für alle mir bis jetzt bekannt gewordne, wohl oder übel gemeinte, Verbesserungen in Materie und Form, die man jener Darstellung zugedacht hat.

22. Zuförderst, ob die Religion höher sey, als Philosophie, und, was in dieser ist, durch jene höher gesteigert werden könne, mag aus dem Vorhergehenden und Folgenden beurtheilt werden. Wohl ist Religion nicht Philosophie: aber die Philosophie, welche nicht in heiligem Einklang die Religion mit der Wissenschaft verbände, wäre auch jenes nicht. Die Religion des Philosophen aber hat die Farbe der Natur, | sie ist die kräftige desjenigen, der kühnen Muthes in die Tiefen der Natur hinabsteigt,

nicht die einsiedlerische müssiger Selbstbeschauung, welche mit dieser, ganz auf die Allheit der Natur gegründeten, Philosophie auf keine Weise in Verbindung zu setzen ist.

23. Auch Poesie ist die Philosophie, aber sie sey keine vorlaute nur aus dem Subject schallende, sondern eine innerliche, dem Gegenstande eingepflanzte, wie die Musik der Sphären.[4] Erst sey die Sache poetisch, eh' es das Wort ist.

24. Am meisten verbitte ich rhetorische Zuthat, womit einige diese einfache Lehre zu verbessern gesucht haben. In manchen Schriften solcher Verfasser hat mir das wohlbekannte Gewächs nicht anders gemundet, denn als ein bey ihnen sauer gewordner Wein, dem sie, wie schlechte Wirthe, durch Honig oder Zucker aufzuhelfen suchen.

25. Wohl erkenne ich etwas Höheres, denn Wissenschaft, und was ihr davon saget, redet ihr nicht von euch selbst: aber hat man darum das Höhere erreicht, weil man in der Wissenschaft stümpert? So gewiss als jemand ein trefflicher Dichter ist, weil er schlechte Prosa schreibt.

26. Die ihr Bewusstseyn am meisten verurtheilt, Schüler zu seyn, schreyen am lautesten über den Zwang der Schule, und Vortheilsuchende Bewerber aller Art pflanzen sich in die Naturphilosophie nicht anders, wie die übermüthigen Prasser in das Haus des Odysseus: kein Wunder, wenn zuletzt selbst freche Bettler, die ärmer an Geist sind, wie Irus an Habe, | den, von dessen Tische sie noch immer den Abfall verzehren, zum Faustkampf herausfordern.

27. Wie eng aber haben selbst manche von den Bessern diese Sache betrachtet, welche nicht sehen, dass sie keine Sache bloss dieser Zeit, und dass ich nichts gethan habe, als das Element hergegeben zu einer endlos möglichen Bildung. Nie wird, es müsste denn die ganze Zeit sich wandeln, Philosophie wieder die ewige Beziehung auf die Natur von sich ausschliessen können und mit dem einseitigen Abstractum der intelligenten Welt das Ganze umfassen wollen.

28. Ob ich eine Schule will? – Ja, aber wie es Dichterschulen gab. So mögen gemeinschaftlich Begeisterte in gleichem Sinn fortdichten an diesem ewigen Gedicht. Gebt mir einige der Art, wie ich sie gefunden habe, und sorgt, dass auch der Zukunft Begeisterte nicht fehlen und ich verspreche euch einst noch den *Ὁμηρος* (das einigende Princip) auch für die Wissenschaft. Hiezu bedarf es keiner Schüler, so wie keines Hauptes noch Meisters. Keiner lehret den andern, oder ist dem andern verpflichtet, sondern jeder dem Gott, der aus allen redet.

29. Lange habe ich vor Gegnern und Andern Eisen und Bogen hingestellt, ob sie durchschiessen:[5] das Folgende wird zeigen, ob sie den Bogen zu spannen vermocht haben.

30. Der besondern Absicht gegenwärtiger Zeitschrift gemäss, habe ich diejenigen Grundsätze, die nöthig sind, um der Naturphilosophie im Besondern zu folgen, nicht doctrinal, oder so, dass ich jederzeit | nach strenger Art die Beweise führte, sondern mehr historisch, zum Zeugniss der Sache, vorausschicken wollen; und zwar schien das Zweckmässigste, davon in folgender Ordnung zu handeln.

A) *Von der Ein- und Allheit.*

31. Die Vernunft kann man niemanden beschreiben: sie muss sich selbst beschreiben in jedem und durch jeden.

32. Der Sinn ist göttlich darinn, dass er das Besondre zwar, aber jedes für sich auffasst, als ob nichts ausser ihm wäre, gleich einer eignen Welt. Er schaut, sich unbewusst, eine gegenwärtige Unendlichkeit an, er schaut also in jedem die Allheit, aber ohne Wiederauflösung in die Einheit. – Daher die Unergründlichkeit in allem Sinnlichen, das Chaos, die verworrne Fülle. Der Sinn ist der Religion gleichzusetzen.

33. Der Verstand hingegen erkennt die leere Einheit ohne Erfüllung, oder Allheit; Klarheit ohne Tiefe ist sein Wesen. Allgemeinbegriffe bildend vergleicht er die Dinge und hebt die

Göttlichkeit aller und eines jeden insbesondere auf, indem er es nur im Wiederschein andrer, nicht an sich selbst begreift. Er ist zugleich das Setzende aller Unterscheidbarkeit und Vielheit der Dinge und in wie fern er das Allgemeine auf Kosten der Unendlichkeit im Besondern auffasst, der Wissenschaft in ihrer Absonderung vergleichbar.

34. Klarheit mit Tiefe, die Fülle des Sinns mit der Begreiflichkeit des Verstandes vereinigend ist die Einbildungskraft: diese ist selbst nur der Sinn, der | seiner Unendlichkeit sich bewusst ist, oder der Verstand, der zugleich anschauet.

35. Die Vernunft aber trägt in sich Sinn, Verstand und Einbildungskraft als eben so viele Endlichkeiten, ohne selbst eine derselben insbesondre zu seyn. Sie erkennt weder blos das verworrene Unendliche (ohne die Einheit), wie der Sinn, noch die leere Einheit (ohne die Unendlichkeit), wie der Verstand, sondern, die Einheit und die Unendlichkeit, die Klarheit und die Fülle sind selbst Eins in ihr, und nicht bloss auf besondre Weise, wie für die Einbildungskraft, sondern schlechthin und auf unendliche Weise.

36. Die Vernunft kann nichts bejahen, das nur in Beziehung, oder Vergleichung Realität hätte, (denn dadurch würde sie dem Verstande gleich und nur Endlichkeiten setzen): sie kann daher erstens keine Unterschiede bejahen, welcher Art sie seyn, dann kann sie auch nichts erkennen oder setzen, das nur durch ein Andres wäre, sondern das, was schlechthin und in jedem Betracht aus und von sich selbst, oder *was die unendliche Position seiner selbst* ist. Dieses ist die Idee der Absolutheit.

37. Die Vernunft mag daher nur erfüllt seyn von dem, was in allem und jedem das auf unendliche Weise sich selbst Gleiche, sich selbst Bejahende ist, und welches daher, *als* das sich Gleiche, oder *als* die Einheit unmittelbar auch Unendlichkeit oder Allheit ist.

38. Die Bejahung der unendlichen Ein- und Allheit ist der Vernunft nicht zufällig, sondern ihr ganzes Wesen selbst, das auch ausgesprochen ist in dem | Gesetz, von dem zugestanden

wird, dass es allein unbedingte Bejahung in sich schliesse, dem Gesetz der Identität, (A = A).

39. Ihr betrachtetet dieses Gesetz als ein bloss formales und subjectives, und konntet darinn nur die leere Wiederholung eures eignen Denkens erkennen. Es hat aber keine Beziehung auf euer Denken, sondern ist ein allgemeines, ein unendliches Gesetz, welches aussagt vom Universum, dass in ihm nichts als bloss Prädicirendes oder als bloss Prädicirtes ist, sondern dass ewig und in Allem nur Eines ist, welches sich selbst bejaht, und von sich selbst bejaht ist, sich manifestirt und von sich manifestirt ist, mit Einem Wort, dass nichts wahrhaft ist, das nicht (36) absolut, nicht göttlich wäre.

40. Betrachtet jenes Gesetz an sich selbst, erkennet den Gehalt, den es hat, und ihr werdet Gott schauen.

41. Die unendliche Klarheit in unfasslicher Fülle und die unfassliche Fülle in unendlicher Klarheit ist *Gott* – unendliche Bejahung und gleich unendliches Bejahtseyn von sich selbst, auf schlechthin einfache untheilbare Weise.

B) *Von der Vernunft als Erkenntniss des Absoluten.*

42. Nicht wir, nicht ihr oder ich wissen von Gott. Denn die Vernunft, in wie fern sie Gott affirmirt, kann *nichts anders* affirmiren, und vernichtet zugleich sich selbst als eine Besonderheit, als etwas *ausser Gott.* |

43. Es giebt wahrhaft und an sich überall kein Subject und kein Ich, eben deshalb auch kein Object und kein Nichtich, sondern nur Eines, Gott oder das All und ausserdem Nichts. Ist also überall ein Wissen und ein Gewusstwerden, so ist das, was in jenem und was in diesem ist, doch nur das Eine als Eines, nämlich Gott.

44. Das *Ich* denke, *Ich* bin, ist, seit Cartesius, der Grundirrthum in aller Erkenntniss; das Denken ist nicht mein Den-

ken, und das Seyn nicht mein Seyn, denn alles ist nur Gottes oder des Alls.

45. Die Eine Art des Erkennens, in welcher nicht das Subject, sondern das schlechthin Allgemeine, (also das Eine) weiss (43) und in welchem eben daher auch nur das schlechthin Allgemeine das Gewusste ist (39), ist die Vernunft.

46. Die Vernunft ist kein Vermögen, kein Werkzeug und lässt sich nicht brauchen: überhaupt giebt es nicht eine Vernunft, die wir hätten, sondern nur eine Vernunft, die uns hat. Die Vermögen aber zur Erkenntniss Gottes in *sich* aufsuchen und zählen oder wägen, ist die äusserste Gränze der Verwirrung und der innern Verfinsterung des Geistes.

47. Auch die Vernunft ist nicht eine Bejahung des Einen, die selbst ausser dem Einen wäre, sondern ein Wissen Gottes, welches selbst in Gott ist. Ist nichts ausser Gott, so ist auch die Erkenntniss von Gott nur die unendliche Erkenntniss, welche Gott von sich selbst hat in der ewigen Selbstbejahung, (36), | das heisst, sie ist selbst das Seyn Gottes und in diesem Seyn.

48. Die Vernunft *hat* nicht die Idee Gottes, sondern sie *ist* diese Idee, nichts ausserdem. Das Licht hat nicht die Idee der Körper, wohl aber ist es diese Idee. Wie man nun bey dem Licht nicht fragen kann: woher ihm seine Klarheit komme, da es eben die Klarheit selbst ist, so kann man von der Vernunft nicht fragen: woher ihr die Idee Gottes *komme*, da sie eben selbst diese Idee ist. So wenig man ferner das Licht weiter beschreiben, oder die Idee von ihm wieder mittheilen kann: so wenig kann man die Erkenntniss Gottes weiter beschreiben oder mittheilen, denn sie ist, selbst indem sie sich im Subject ausspricht, doch nichts Subjectives, sondern geht aus der Vernichtung aller Subjectivität hervor. Wie vielmehr jeder das Licht als eine wahre Objectivität und als leuchtend in der Natur nur anschauen und betrachten kann: so muss er die Idee Gottes als an sich leuchtend in der Vernunft und in denjenigen anerkennen, die, nicht aus Macht der Selbstheit, sondern aus Macht Gottes davon re-

den: denn ohne göttliche Begeisterung vermag niemand Gott zu erkennen oder von Gott zu reden.

49. Diese Idee ist kein Gegenstand des Bestreitens oder der Zwietracht: alle Besonderheit, aus welcher allein Widerstreit kommt, geht unter in ihr. Der Unsinnige, der sie läugnet, spricht sie aus ohne es zu wissen; er vermag nicht zwey Begriffe vernunftgemäss zu verbinden, als in dieser Idee. |

50. Gott ist nicht das Höchste, sondern er ist das schlechthin Eine; er ist nicht anzuschauen als Gipfel oder Ende, sondern als Centrum, nicht im Gegensatz einer Peripherie, sondern als Alles in Allem. Auch das Höchste ist dieses, nur in Beziehung auf etwas Niedreres; Gott aber ist das schlechthin Beziehungslose, allein aus sich selbst und durch sich selbst Affirmable.

51. Es giebt daher kein Aufsteigen der Erkenntniss zu Gott, sondern nur unmittelbare Erkennung, aber auch keine unmittelbare, die des Menschen wäre, sondern nur des Göttlichen durch das Göttliche.

52. In keiner Art der Erkenntniss kann sich Gott als *Erkanntes* verhalten: als Erkanntes hört er auf *Gott* zu seyn. Sondern wie das *Gefühl* des Schwerseyns selbst das *Seyn* in der Schwere ist, so ist die Erkenntniss Gottes selbst das Seyn in Gott. Es ist kein Subjectives und kein Objectives, weil es nicht ein Verschiednes ist, das erkennt und das erkannt wird, sondern nur Ein und Dasselbe (51), Gott.

53. An sich verwerflich ist eben so jede Art der Betrachtung, in welcher das *Subject* als Subject besteht. Du redest von einer Ahnung des Göttlichen, einem Glauben, den du höher setzest als die Erkenntniss. Das Göttliche aber ahnet das Göttliche nicht, denn es ist selbst das Göttliche; auch giebt es keinen Glauben an Gott, als eine Beschaffenheit des Subjects. Du wolltest also nur dieses retten, keinesweges aber das Göttliche verklären.

54. Wie es eine Gebundenheit des Willens giebt, | die den Menschen nicht auf menschliche, physische oder psychologische, sondern auf göttliche Weise zwingt zu handeln, wie es

recht ist: so giebt es eine göttliche Gebundenheit der Erkenntniss, welche nicht aus dem Menschen selbst stammt, und in der das Erkennende als ein solches, eben so wie dort das Handelnde, aber mit ihm auch nothwendig das Erkannte, als Erkanntes, verschwindet *).

*) Diese Sätze zeigen den Werth des bis jetzt namhaftesten, aber ohne Zweifel auch lezten Versuches, die Erkenntniss des Absoluten in eine Subjectivität zu verwandeln. Unerwartet zwar konnte er dem Verf. nicht seyn, welcher ihn in den *Vorlesungen über die Methode des akademischen Studiums* S. 149. so bestimmt vorhergesagt hat, dass er jetzt nicht bestimmter davon schreiben könnte. Dieses Zeitalter verlangt ein Wissen als Wissen des Subjects, eine Sittlichkeit als eine selbstgegebene des Individuums. In einem solchen Sinn schliesse ich diese so wie jenes aus dem Vernunftsystem allerdings aus, und zwar auf ganz positive Weise aus, und ich freue mich, dass man angefangen hat, diess zu erkennen.

C) *Von der Untheilbarkeit der Vernunfterkenntniss oder der Unmöglichkeit etwas von der Idee des Absoluten zu abstrahiren oder aus ihr herzuleiten.*

55. Kaum ist aus der Fülle der Vernunft die Idee Gottes gebohren, so tritt der Verstand hinzu, um Theil zu haben an diesem Gut. Er möchte das, was in jener Idee als ewig und absolut Eins gesetzt ist, getrennt betrachten, und dem, was nur Realität hat *in* der Einheit, auch Realität geben ausser der Einheit. Jede | solche Abstraction giebt ihre Nichtigkeit unmittelbar durch den Widerspruch kund, den sie zur nothwendigen Begleitung hat.

56. Ihr meyntet, mit diesen Widersprüchen, in die sich die Idee auflöst, sobald ihre untheilbare Einheit aufgehoben wird, gegen die Vernunft und gegen die Idee selbst zu streiten: während ihr wahrhaft nur ihr innres Wesen offenbartet. Eben dadurch ward und wird offenbar, dass der Verstand keines der möglichen Entgegengesetzten für sich bejahen kann, ohne Wi-

derspruch, dass jedem Solchen ein anderes Gleiches, mit gleichem Recht entgegengesetzt wird und dass nur die untheilbare Einheit der Idee, in ihrer Untheilbarkeit, Wahrheit hat.

57. Von der Vernunftidee Gottes, dass er die unendliche Affirmation seiner selbst ist, möchte der Verstand zuvörderst das Affirmative und das Affirmirte absondern und Gott als das Eine oder das Andre für sich begreifen. Von jedem der beyden Glieder aber, in welche die Idee auflösbar scheint, lässt sich, eben *durch* die Idee selbst, das Widersprechende aufzeigen.

58. Die Idee, dass Gott die unendliche Bejahung seiner selbst ist, scheint auflösbar in die zwey Folgen: Gott affirmirt sich selbst unendlich, und: Gott ist von sich selbst affirmirt. Betrachtet ihr die erste für sich, so ist es unmöglich, dass Gott sich selbst affirmirt, denn das Affirmative (der Begriff) ist jederzeit grösser, als das Affirmirte (die Sache). Gott aber als affirmirend sich selbst, ist Gott als dem affirmirten von sich selbst schlechthin gleich. Gott fasst | sich selbst nicht, weil er nicht grösser seyn kann als er selbst ist. Demnach ist der Satz: Gott bejaht sich selbst, für sich genommen, kraft der Idee selbst ein unmöglicher. Dasselbe gilt von seinem Gegentheil. Gott kann eben so wenig das Affirmirte von sich selbst seyn; er ist sich selbst unfasslich und wird nicht gefasst, weil er nicht kleiner seyn kann, als er selbst, weil er nicht ein Verschiedenes, sondern nur ein und dasselbe ist.

59. Auf gleiche Weise kann jede mögliche Vernunftbejahung, ihr Ausdruck sey, welcher er wolle, wenn ihr das einzelne Glied der in ihr ausgedrückten Identität heraushebt, in Widerspruch aufgelöst werden, so nämlich, dass das Abstrahirte weder gesetzt, noch auch nicht gesetzt werden kann. Z. B. Kraft der Idee des Absoluten: es sey dasjenige, dessen Wesen auch das Seyn ist, kann Gott kein *Seyn* zugeschrieben werden: denn Seyn als solches ist nur im Gegensatz von Wesen, in Gott aber ist es absolut Eins mit demselben: gleichwohl kann das Seyn von Gott auch nicht negirt werden, aus dem gleichen Grunde, und gerade deshalb, weil es in ihm dasselbe mit dem Wesen ist.

60. Von dem Satz: Gott ist Ein- und Allheit, kann die Einheit nicht für sich gesetzt werden. Gott ist nicht das schlechthin-Eine; denn das Eine ist nur im Gegensatz des Vielen, in Bezug auf das schlechthin Eine ist aber kein Vieles. Also hebt diese Idee sich selbst auf und Gott ist auch nicht Eines. Dennoch ist er auch nicht nicht-Eines und Vieles. |

61. Alles Erkennen ist nichts anders, denn ein Affirmiren. Von jeher suchte die Wissenschaft nach dem Punkt, wo das Seyn das Erkennen, das Erkennen das Seyn einschliesst. Wie könnten sie aber vollkommener Eins seyn, als in der Idee der allgemeinen Substanz, Gottes, dessen Seyn die unendliche Affirmation von sich selbst ist, dessen Seyn daher die Erkenntniss in sich schliesst und zwar auf unendliche Weise, und hinwiederum die Erkenntniss das Seyn. Aber eben desshalb ist es unmöglich, Gott ein Seyn oder ein Erkennen insbesondere zuzuschreiben. Denn die Selbstbejahung Gottes ist eine unendliche, das Erkennende also und das Erkannte ist *Ein und dasselbe* in ihm,[6] und es ist in so fern *kein* Erkennen in Gott. Gleichwohl ist Gott auch nicht *Verneinung* alles Erkennens, ein völlig blindes Absolutes, blosses Seyn. Denn das Seyn ist, als solches, nur im Gegensatz des Erkennens, das Seyn Gottes ist aber die unendliche Bejahung seiner selbst, also nicht die Verneinung des Erkennens.

62. Dasselbe lässt sich in allgemeinerm Sinn von dem Gegensatze des Seyns und des Handelns zeigen. In Gott ist weder ein Handeln, noch auch eine Verneinung des Handelns. Nicht ein Handeln, denn die unendliche Selbstbejahung Gottes fliesst zusammen mit dem *Seyn* Gottes und ist selbst dieses Seyn (61); dennoch ist das Handeln in Gott auch nicht *verneint,* darum, weil er im Seyn die unendliche Affirmation seiner Selbst ist. So kann der Umkreis des Cirkels als ein Seyn betrachtet werden, aber als Seyn schliesst | es ein Handeln in sich, nämlich das absolute Sichselbsterkennen der Einheit als Allheit.

63. Diese kurze Betrachtung (55–63) reicht hin zum Beweis, dass die Idee des Absoluten jeder Abstraction widersteht, dass

sie schlechthin untheilbar, dass es also unmöglich ist, irgend etwas aus ihr durch Analyse oder Abstraction zu entwickeln.

64. Der Satz, dass das Absolute keine Prädicate hat *), ist in so fern ganz richtig, als das Prädicat selbst nur im Gegensatz des Subjects möglich ist, (ein Gegensatz, der in Gott undenkbar ist), und in wie fern auch jedem möglichen Prädicat ein andres entgegengesetzt werden kann. Aber nichts, das in Beziehung, nichts also das im Gegensatze stehen kann, ist affirmabel durch die Vernunft (36) und von Gott.

*) Der Verf. der bekannten *Aphorismen über das Absolute,* die eine Parodie der sogenannten neuesten Philosophie seyn sollen, von Gegnern derselben aber treulich nachgeschrieben wurden, hat auch diesen Satz aufgenommen. Indess wäre ihm, besonders auch in dieser Beziehung, ein treflicher Aufsatz: *Ueber das Verhältniss des Skepticismus zur Philosophie und seine verschiedenen Modificationen etc.* zum genauen Nachlesen zu empfehlen. Er steht im *kritischen Journal der Philosophie.* Bd. I. St. 2.[7]

65. Das Absolute kann daher ewig nur ausgesprochen werden als absolute, schlechthin untheilbare, Identität des Subjectiven und Objectiven, welcher Ausdruck gleich ist dem der unendlichen Selbstbejahung Gottes (36), und dasselbe bezeichnet.

66. Die Vernunft setzt in dieser Idee weder die Negation von Gegensätzen, noch setzt sie auch wirk|lich Gegensätze in ihr. Nicht die Verneinung, denn alsdann wäre die Einheit selbst eine blos verneinende und in so fern bedingte. Die Gegensätze sind aber in jener Idee nicht auf eine negative, sondern auf eine positive Weise vertilgt; nicht ihre Verschiedenheit ist verneint, sondern ihre absolute Identität ist gesetzt. Aber eben so wenig gilt das Gegentheil, dass die Gegensätze in jener Idee als wirklich gesetzt wären. Sie sind *nicht,* denn ihre positive Identität ist gesetzt und sie sind auch nicht nicht, denn es ist nicht ihre Negation gesetzt.

67. Absolute Identität des Subjectiven und Objectiven kann nicht blosses Gleichgewicht seyn *), oder Synthese, sondern allein gänzliches Einsseyn.

*) Ein Gleichgewicht Entgegengesetzter ist das Höchste, wozu man es mit Relationen bringen kann: daher dieses Missverstehen der Idee durch diejenigen, welche nichts begreifen ausser Relationen. Die Meisten haben denn doch dieses Product ihres Nichtverstehens bestritten. Was soll man aber von denen urtheilen, die nicht dagegen, sondern – damit gegen mich streiten wollen?

68. Wir versuchen diesen, an sich freylich sehr klaren, den Meisten aber doch nicht klaren Unterschied durch einige Beyspiele deutlich zu machen. Der Ruhepunkt eines Hebels stellt das Gleichgewicht zweyer entgegengesetzter Kräfte dar; er ist das Vereinigende beyder, aber er ist keineswegs ihre absolute Identität. Er ist, was er ist, nämlich Ruhepunkt, nur relativ auf beyde entgegengesetzte, nicht an sich selbst; diese reduciren sich wechselseitig in ihm zur Null, | nicht aber er selbst, als er selbst, ist die *positive* Null beyder.

69. Beyspiele des absoluten Eins-seyns Entgegengesetzter bietet, nothwendiger Weise, die ganze Natur, bieten alle Wissenschaften in Menge dar. Wer die Materie auch nur auf die einfachste Art aus Contraction und Expansion zu begreifen versuchte, würde nie zu einer realen Materie gelangen, so lange er jene beyden wie die Kräfte eines Hebels entgegengesetzt annähme, wenn er die Materie nicht durchaus und in *jedem Punkt* als expansiv und als attractiv dächte auf untheilbare Weise.

70. Oder man denke sich ein Sinneswerkzeug; ein Sehorgan z. B.: ein solches ist in jedem Punkte seines Wesens ein Seyn und ein Sehen und doch nur Eins. Das Sehen und das Seyn verhalten sich nicht wie Factoren zu einander, die sich auf die Null reducirten, und doch ist auch das Organ nicht bloss Seyn, abstrahirt von dem Sehen, (sonst wäre es nur Materie), noch bloss Sehen, abstrahirt von dem Seyn, (sonst wäre es nicht Organ); sondern es ist ganz Seyn und ganz Sehen. Es ist *in* dem Seyn auch ein Sehen und *in* dem Sehen ein Seyn.

71. Die Idee des Kreises ist eine schlechthin einfache und untheilbare Idee. – Wenn schon Mittelpunkt und Umkreis räumlich, (im concreten Kreis) aussereinander liegen: so sind sie doch

in der Idee des Kreises Eins. Von dem Kreis kann nicht abstrahirt werden, denn der Mittelpunkt für sich, ohne den Umkreis, ist auch nicht Mittelpunkt; der Umkreis für | sich, abstrahirt von dem Mittelpunkt und sonach vom ganzen Kreis, auch nicht Umkreis. Wahrhaft wird also in der Idee des Kreises weder der Mittelpunkt für sich, noch die Peripherie für sich gesetzt, sondern in jedem nothwendig schon der Kreis, d.h. die absolute Einheit. Der Mittelpunkt ist der Kreis in seiner Affirmativität angeschaut, oder der ideale Kreis; denn was ist überhaupt der Punkt, als eine Kreislinie von unendlich kleinem Durchmesser oder ein Kreis, dessen Peripherie mit dem Centrum zusammenfällt? Dagegen ist die Peripherie nur der Kreis in seinem Affirmirtseyn, oder in der Totalität angeschaut. Die Einheit ist hier als solche gleich der Allheit, der Mittelpunkt als solcher gleich der Peripherie, (denn da die Grösse der Peripherie gleichgültig ist, so ist sie = dem Punkt). Das Einsseyn beyder ist nicht das *zweyer Theile*, die erst zusammen ein Ganzes ausmachen, beyde sind nicht Factoren des Kreises, dieser nicht das Product noch die Synthese beyder: er ist ihre *absolute Identität*.

72. Die ganze Natur streitet gegen jede Abstraction, z.B. die der Materie als eines reinen Seyns, von dem alles subjective, innere Leben, alle Perception negiert ist. Wenn auch in den tiefern Sphären der Natur die Perceptionen dunkler und undeutlicher sind, so sind sie doch in den Thieren unverkennbar, die wir desshalb gleichwohl als blosse materielle Wesen betrachten. Wie kommt nun hier die Perception zur Materie hinzu, wenn diese nicht an sich schon, und *als* Seyn auch perceptiv ist? Das Handeln der Thiere | ist ein völlig blindes. Wir denken uns nicht sie selbst als handelnd, sondern ein andres, einen objectiven Grund als handelnd in ihnen; gleichwohl erkennen wir mit unwidersprechlicher Gewissheit, welche uns die Sinnigkeit jener Handlungen, besonders der Kunsttriebe aufdringt, dass dieses, relativ auf die Thiere bloss objective Princip, *an sich* betrachtet, auch ein subjectives, ein dem bewussten ähnliches in der Bewusstlosigkeit sey, ohne dass wir dabey irgend einen Dualismus set-

zen. Auch die hartnäckigste Angewöhnung, in der Natur die blosse Objectivität zu sehen, hätten längst die Erscheinungen ausserordentlicher Zustände des Menschen, an welchen, selbst nach der gemeinen Vorstellung, die Seele keinen Theil hat, überwinden können, z. B. die geschickten und sichern Handlungen des Nachtwandlers, die völlig so bewusstlos geschehen und dennoch nicht selten eben so viel Zweckmässigkeit verrathen, als die Handlungen der Thiere, der beständigen Somnambulisten.

73. Die Meynung ist daher keinesweges, dass die absolute Identität des Subjectiven und Objectiven nur das besondre Wesen Gottes sey, (denn das Wesen Gottes ist kein Besonderes), sondern: dass sie das Wesen aller Dinge, das schlechthin Allgemeine sey und nichts bejaht werden oder seyn möge, das nicht gleich affirmativ und gleich affirmirt sey ohne allen Dualismus. Denn so wenig es eine reelle Entgegensetzung ist, wenn ein und dasselbe Wesen zwey verschiedene Namen trägt, A und B, und so wenig das Wesen A und das Wesen B in diesem Fall zwey ver | schiedne Wesen, wie sie vielmehr nur Ein Wesen sind: so ist jedes durch Vernunft affirmable, nur Ein Wesen, und als das Eine ganz und durchein affirmativ, und ganz und durchein affirmirt, *ganz* ideal und *ganz* real.

74. Dass aber diese absolute Identität des Subjectiven und Objectiven das Gleiche in Allem ist, davon liegt der Grund nur in Gott, der *die unendliche Affirmation seiner selbst* ist und durch welchen, als allgemeine Substanz, alle Substanz gleichfalls in sich Einheit des Affirmativen und des Affirmirten ist.

75. So wenig nun (55–74) die Abstraction etwas vermag über die Idee Gottes, sie zu beugen, oder etwas Besonderes aus ihr herauszunehmen, und für sich zu setzen: so unmöglich ist es, aus dieser Idee etwas auf dem Wege des Entstehens, oder des Hervorgehens aus derselben, abzuleiten.

76. Alles ist ursprunglos, ewig in Gott. Denn, was kraft dessen Idee seyn *kann*, *ist* nothwendig, und ist *ewig*, und was nicht auf diese Weise seyn kann, vermag überhaupt nicht zu seyn. Nichts kann daher in Gott oder aus Gott wahrhaft entstehen.

77. Gott neigt sich zu nichts weder in ihm noch ausser ihm, denn er ist allselig: er bewirkt nichts, denn er *ist* alles. Die unendliche Bejahung von sich selbst ist keine Handlung, zu der sich Gott als das Subject verhielte, sondern sie ist selbst das *Seyn* Gottes. Gott *wird* nicht dadurch, dass er sich selbst bejaht oder erkennt, sondern er *ist* ein unendliches | Selbsterkennen *in* dem unendlichen Seyn, nicht ausser dem und in abgesonderter Handlung.

78. So einfach diese Idee der unendlichen Selbstbejahung des unendlichen von und aus-sich selbst-Seyns, an sich ist; so schwer ist sie für den Verstand, der nur in Gegensätzen sein Wesen hat. Diesem ist sie entweder eine Selbsttheilung Gottes, so dass er z.B. einen Theil seiner selbst objectiv setzte (als Welt), den andern für sich behielte, das ist, dass er sich selbst im Subject und im Object als negirt setzte, welches gegen die erste Idee Gottes streitet: die unendliche Position von sich selbst zu seyn: oder eine Selbstdifferenziirung, da sie im Gegentheil, wäre nur überhaupt ein Handeln in Gott, die Selbst-Identifizirung Gottes seyn müsste. Sie ist es nicht, weil Gott nicht sich identifizirt, sondern die absolute Identität *ist*.

79. Von demselben Werth, d.h. gänzlich widersprechend ist die Vorstellung eines Herausgehens des Absoluten aus sich selbst. Könnte Gott aus sich selbst herausgehen, so wäre er eben desshalb nicht Gott, nicht absolut. Die Absolutheit oder die unendliche Selbstbejahung ist vielmehr das ewige Zurückgehen, nicht als Handlung, sondern als das ewige *Seyn* und Bestehen Gottes in sich selbst.

80. Diese Betrachtung (75–79) so wie die frühere (55–74) zeigt, dass der Verstand keinen Theil haben kann an der Idee des Absoluten, und wenn der Wissenschaft nur diese zwey Wege zur Erkenntniss offen sind, der der Analyse oder Abstraction, und der | des synthetischen Ableitens (wie diess nach der herrschenden Vorstellung allerdings der Fall ist) so *läugnen* wir *alle* Wissenschaft des Absoluten. Es lässt sich von Gott nichts absondern, denn eben darum ist er absolut, weil sich von ihm

nicht abstrahiren lässt; es lässt sich nichts herleiten aus Gott, als werdend oder entstehend, denn eben darum ist er Gott, weil er alles *ist*. – *Speculation* ist alles, d.h. Schauen, Betrachten dessen, was ist in Gott. Die Wissenschaft selbst hat nur in so weit Werth als sie speculativ ist, d.h. Contemplation Gottes wie er ist *).

*) Man vergleiche hiemit die Abhandlung von der Art alle Dinge im Absoluten darzustellen in der *Neuen Zeitschrift* für speculative Physik, Heft II. §. IV.[8]

Die bisherigen Erklärungen enthalten die *blossen Anfänge* der Philosophie, über welche mit jemanden zu streiten völlig zwecklos ist. Denen, welche sich, nach ihren vielfachen Aeusserungen, von dem Absoluten nun einmal keine andere Vorstellung machen können, als die eines *Dings* und zwar eines Dings, dem die Identität des Subjectiven und Objectiven als eine Eigenschaft inhärirt, weitere Erläuterungen geben zu wollen, würde gleichfalls völlig unnütz seyn. – Von allen Erörterungen der einfachsten Idee gilt übrigens, was Leibnitz irgendwo sagt: »On a dit que si l'esprit avoit une vue claire et directe de l'Infini, le P. Malebranche n'auroit pas eu besoin de tant de raisonnements pour nous y faire penser. Mais par le même argument on rejetteroit la connoissance très-simple et très-naturelle que nous avons de la Divinité. Ces sortes | d'objections ne valent rien, car on a besoin de travail et d'application pour donner aux hommes l'attention nécessaire aux notions les plus simples, et on n'en vient guères à bout qu'en les rappelant de leur dissipation à eux-mêmes. C'est aussi pour cela que les théologiens qui ont parlé de l'éternité, ont eu besoin de beaucoup de discours, de comparaisons et d'exemples pour la bien faire connoître quoiqu'il n'y ait rien de plus simple que la notion de l'éternité, etc. etc.«[9]

D) *Von der Art, wie die Einheit Allheit und die Allheit Einheit ist, und von dem ewigen Nichtseyn des Endlichen.*

81. Alle wahre Betrachtung, auch des Einzelnen, ist Intuition actueller Unendlichkeit.

82. Im Vorhergehenden haben wir die Idee Gottes in ihrer Einfachheit betrachtet, in wie fern sie absolute Identität des Subjectiven und Objectiven überhaupt ist. Jetzo kommt zu betrachten, wie sie dieses auf unendliche Weise, oder wie Gott Position von sich selbst nicht nur überhaupt, sondern auf unendliche Art ist.

83. Gott ist die unendliche Position von sich selbst, heisst: Gott ist die unendliche Position von unendlichen Positionen ihrer selbst. Eine actuelle Unendlichkeit lauterer Selbstbejahung ist begriffen in der schlechthin einfachen und untheilbaren Bejahung, damit Gott sich selbst bejahet.

84. Diese Unendlichkeit kann man nur intellectuell anschauen und betrachten, aber nicht durch Denken erreichen oder entwickeln. Hast du einen Sinn für die | actuelle Unendlichkeit in den sinnlichen Dingen, für die Art z. B., wie das Licht *in* dem Licht selbst unendlich ist und in der einfachen Klarheit Strahl aus Strahl unendlich hervorquillt: so hast du ein schwaches und entferntes Bild der Art, wie in der Position Gottes eine Unendlichkeit von Positionen begriffen ist, deren jede wieder eine gleiche Unendlichkeit begreift.

85. Die besondern, in der unendlichen Affirmation begriffenen, Affirmationen gehen dieser nicht voran, noch ist diese die Zusammensetzung von jenen, sondern sie ist ihre absolute Einheit oder ihr Centrum, die Position aller und einer jeden auf gleiche Weise, wie das Licht nicht zusammengesetzt ist von Strahlen, sondern die unendliche und untheilbare Position von Strahlen ist.

86. Hinwiederum mag in der Einheit der unendlichen Position, damit Gott sich selbst bekräftigt, nichts begriffen oder

affirmirt seyn, das nicht ihr gleich und, wenn gleich in ihr, die Position seiner selbst wäre.

87. Jede Position, als nur begriffen in Gott, ist dadurch unterschieden von Gott, dass dieser nothwendiger Weise ohne alle Relation ist, da er nichts ausser sich hat, mit dem er verglichen werden könnte, die Position aber im Verhältniss seyn kann, da sie Anderes ausser sich hat.

88. Aber jede Position ist eine selbst unendliche in Gott, d.h. sie ist nicht vermöge eines Allgemein-Begriffs, oder durch das, was sie mit andern gemein hätte, sondern sie folgt unmittelbar aus Gott, | als ein eignes All, das wieder eine Unendlichkeit von Positionen (84.) begreift, als ob nichts ausser ihr wäre, und diese göttliche Selbstständigkeit jeder Position gilt nothwendig ins Unendliche.

89. Die Beziehung also, welche die Position auf andere Positionen hat (87), ist vor Gott und in Gott ewig als nichtig gesetzt, ist unerschaffen von Gott: wie die Schwere zwar den Körper schafft, seiner Realität nach, aber nicht den Schatten, den er auf andre wirft oder von andern empfängt, (denn diesen kann sie nicht schaffen, weil er nichts ist) oder überhaupt diejenigen Eigenschaften, die er nur in Relation hat, und die für *sie* (für die Schwere) nichts sind.

90. Gleich ewig und ewig Eins in Gott ist die untheilbare Einheit (85.) der Unendlichkeit von Positionen, die in ihm begriffen sind und das unendliche für sich selbst seyn dieser Positionen (88.), welches wir auch schlechthin die Unendlichkeit nennen wollen. Beydes schliesst sich wechselseitig ein. Denn das Unendliche ist unendlich und für sich selbst, nur in wie fern es in Gott als absoluter Einheit begriffen ist, abgesehen von dieser Einheit fiele es der blossen Relation mit anderem anheim. Die Einheit aber ist wahre Einheit, wahre Affirmation ihrer selbst, nur in so fern sie das ihr Gleiche bejahet, nämlich was Position von sich selbst und also auch für sich selbst ist.

91. Dasselbe, was von Gott wahr ist, dass er nämlich die Einheit und die Unendlichkeit der Positionen gleich ewig in sich

trägt, lässt sich auch von dem | All zeigen. Ein All vermag nicht zu seyn, was nur aus Theilen zusammenfliesst, sondern, was an sich untheilbare Position ist, und, die Theile in sich begreifend, in so fern der Idee nach ihnen vorangeht. Ein All vermag aber auch nicht zu seyn, was blosse Einheit ist, in der das Leben des Besondern unterdrückt ist, sondern nur das, darin mit der Einheit auch die unendliche Freyheit des besondern Lebens besteht.

92. Gott und All sind daher völlig gleiche Ideen und Gott ist unmittelbar kraft seiner Idee die unendliche Position von sich selbst (von ihm gleichen) zu seyn absolutes All.

93. Hinwiederum ist das All nichts anders denn die Affirmation, damit Gott sich selbst bejahet, in ihrer Einheit und actuellen Unendlichkeit, und da Gott nicht ein von dieser Selbstbejahung verschiedenes Wesen, sondern eben *durch* sein Wesen die unendliche Bejahung seiner selbst ist, so ist das All nicht ein von Gott Verschiedenes, sondern selbst Gott.

94. So wenig Gott ausser der unendlichen Position seiner selbst noch ein besonderes, von dieser verschiedenes, Seyn hat, so wenig ist im All noch eine von den in ihm begriffenen Positionen verschiedne Existenz: sondern diese selbst sind das allein Reale im All.

95. Das All ist daher lautere Realität, unendliche Position von Positionen, die selbst wieder unendlich sind, ohne alle Negation.

96. Das Gottgleiche All ist nicht allein das ausgesprochne Wort Gottes, sondern selbst das sprechende, | nicht das erschaffene, sondern das selbst schaffende und sich selbst offenbarende auf unendliche Weise.

97. Besonderes kann nichts in Gott seyn als das Gottgleiche (83), also (59) das *Wesen*, so fern es unmittelbar auch das *Seyn* und demnach die Position von sich selbst ist.

98. Das in Gott aufgelöste Wesen der Dinge, d.h. das Wesen des Besonderen, so fern es unmittelbar auch Seyn und demnach unendliche Position von sich selbst ist, haben die Alten *Idea* genannt.

99. Die Idea ist daher auf keine Weise zu denken als Allgemeinbegriff oder als Gattungswesen: denn jener ist der Begriff im Gegensatz mit dem Seyn, die Idee aber der Begriff als die unendliche Bejahung von Seyn: auch ist sie nicht ausser dem Besondern, sondern selbst das Besondere, inwiefern es als eine ewige Wahrheit in Gott ist.

100. Die Idea kann daher auch beschrieben werden als die Vollkommenheit der Dinge, und die Dinge nach den Ideen betrachten, heisst die Dinge ihrer Position nach betrachten, wie sie in Gott *an sich selbst* sind, ohne Relation auf einander.

101. Es sind keine Dinge, die da ausgiengen von der göttlichen Selbstbejahung und nun wahrhaft als *Dinge* für sich wären und lebten, sondern die Dinge wahrhaft, d.h. in ihrem Wesen betrachtet, sind selbst nur Ausstrahlungen, oder in Leibnitzens Bilde zu reden, Fulgurationen[10] der unendlichen Bejahung, die, wie sie nur in ihr und mit ihr seyn können, eben so auch in sich selbst sind. |

102. Denn gleichwie der Blitz ausgehet von der finstern Nacht und hervorbricht durch eigne Kraft, also auch die unendliche Selbstbejahung von Gott. Gott ist die gleich ewige Nacht und der gleich ewige Tag der Dinge, die ewige Einheit und die ewige Schöpfung ohne Handlung oder Bewegung, sondern als ein stetes ruhiges Wetterleuchten aus unendlicher Fülle.

103. Die Besonderheit jeder Position kann auf gedoppelte Weise betrachtet werden. Einmal, so fern sie nur das Begriffenseyn im All ausdrückt, welches als eine Verneinung erscheinen kann, nur in wie fern nicht zugleich auf den Grund und das Wesen dieses Begriffenseyns reflectirt wird, welches die Gottgleichheit selbst ist (97): denn ist das Besondre nur wirklich aufgenommen in die unendliche Bejahung, so ist es auch ewig und als ein selbst Unendliches (88) aufgenommen, und in dieser Beziehung ist die Besonderheit keine Negation, sondern die Trefflichkeit der Idea, wodurch sie Unendlichkeit für sich, eine eigne Welt (Monas) ist. In diesem Sinn ist der Grad der Perfection jedes Wesens gleich dem Grad seiner Besonderheit.

104. Das erste Verhältniss, des blossen Begriffenseyns im verneinenden Sinne, bestimmt der besondern Position ihre Beziehung zu andern Positionen: nach dem andern aber hat sie bloss das unmittelbare Verhältniss zu Gott, und dieses ist ihr ewiges Leben.

105. Gleichwie aber in Gott selbst Unendliches stets aus Unendlichem hervorquillt: also ist auch jede in Gott begriffene Position selbst wieder ein All von | Positionen (84), die einerseits ebenso nur in ihr und nach ihr seyn können (der Idee nach), wie die besondern Affirmationen nur in der Allaffirmation seyn können, andrerseits aber eben so für sich unendlich sind wie diese.

106. Auch die besondre Position, als wieder in sich begreifend eine Unendlichkeit von Positionen, ist das *Centrum* oder die absolute Einheit derselben.

107. Das blosse Seyn der Positionen in Bezug auf einander, welches nicht durch Gott bejahet und keine positive Folge aus Gott ist (89), gebiert aber eben deshalb, und wegen seiner Nichtigkeit vor Gott, auch ein bloss nichtiges Wesen und Seyn.

108. In Bezug auf Gott ist jede Position, es sey, dass sie selbst ein All von Positionen, oder in einem solchen begriffen sey (106), stets in eigenthümlicher Unendlichkeit und ist nicht durch eine andre, sondern nur durch das Verhältniss zu dem gemeinsamen Centro. In der Beziehung auf andre aber, (durch welche zugleich die Beziehung auf das Centrum für sie aufgehoben ist), bedarf die Position der andern, und hat ein abhängiges und bedürftiges Seyn.

109. Das Centrum oder die absolute Einheit ist das Bekräftigende *in* jeder Position, das Affirmative *in* jedem Affirmirten. In der Beziehung der Positionen auf einander aber, wodurch für sie zugleich die Beziehung auf das allgemeine, oder (was dasselbe ist), auf ihr besondres Centrum (106) verloren geht, zerfallen sie nothwendig in sich selbst, indem sie von der jeder eingebohrnen Einheit sich ab- und der Einheit | mit andern Positionen zuwenden, welche nur relativ, nicht wesentlich seyn kann.

110. Zwar kann durch die blosse Relation, da sie an sich nichtig ist, die Unendlichkeit und Einheit der Idea selbst nicht vernichtet werden, und ihr Wesen scheint durch in dem durch Relation Bestehenden, aber bloss als Gleichniss, oder Abbild der wahren und urbildlichen Identität.

111. Das in der Relation Entstandene ist, *inwiefern* es bloss auf Relation beruht, auch ein blosses Ens imaginarium, leeres Geschöpf ohne innere Einheit, ein Scheinbild (simulachrum), das ist und auch nicht ist, je nachdem es betrachtet wird.

112. Es *ist*, wie die Bilder sind, welche von zusammengelenkten oder auseinandergebrochnen Strahlen unter gewissen Verhältnissen hervorgebracht werden. Es ist *nicht*, weil es kein Unum per se, sondern ein blosses Unum per accidens ist.

113. In Gott ist nur die Einheit als bestehend in jeder Position für sich, oder in der Unendlichkeit, und die Unendlichkeit als aufgelöst in der Einheit, keinesweges aber ist die zusammengeflossene Einheit, welche innerlich kraftlos und nur ein durch Relationen erzwungenes Band ist, wodurch die Positionen zusammen gehalten werden.

114. Dieses Leben, welches die Dinge bloss in Relation haben, und inwiefern sie es nur durch diese haben, ist es, welches einen Anfang hat durch Entstehen und Geburt und ein Ende durch Auflösung oder Tod. Das Leben jedes Dinges in *Gott* ist eine ewige | Wahrheit (99), das Zeitleben aber ist nur das Leben des Dinges, so weit es durch die blossen Verhältnisse der Positionen unter einander möglich ist, d.h. es ist ein nichtiges Leben (89).

115. Jenes Bild, das nichts für sich und an sich ist (111), wird gleichwol, *in* diesem Nichts-seyn für sich, Wiederschein, sowohl der Unendlichkeit, (denn die Positionen sind in ihm nur *verbunden*, aber nicht Eins), als der Einheit; und wie diese beyden in Gott und der Idea auf absolute Art Eins sind, so in dem Ding endlicher Weise.

116. Die Idea ist der, in dem Nichts-seyn des Dinges für sich durchleuchtende, Blitz, der es sichtbar und erscheinen macht.

117. Die Positionen in ihrer unendlichen Freiheit widerstreben dem unwesentlichen und bloss durch Relationen aufgelegten Band, da sie im Centro ein göttliches und unendliches haben. Die Einheit aber, welche wiederscheint in der zerfallenen Unendlichkeit, widerstrebt dem Für-sich-seyn der Positionen. Das Product wird also ein zwischen Einheit und Unendlichkeit schwankendes, aus widerstrebenden Elementen gemischtes seyn.

118. Bekannt ist, wie der menschliche Verstand von jeher die Erklärung dieser wundersamen Mischung gesucht hat, nach welcher die concreten Dinge zwar eine Aehnlichkeit mit dem an sich selbst Gleichen haben, und sich bestreben ihm ähnlich zu seyn, ohne doch je ganz dazu zu gelangen. Gott aber ist nicht im Kampfe mit einer widerspänstigen, der Einheit feind | seligen Materie ausser ihm, selbst nicht, wenn dieser Stoff als das blosse Nichts (*μη ον*) bestimmt würde: denn das ist ewig undenkbar und kann nicht seyn, weil es Nichts ist. Gott aber als das Allselige ist ausser allem Widerstreit, vorzüglich aber dem, aus welchem allein das endliche Leben hervorgeht.

119. Die adäquate Betrachtungsweise der Dinge ist nur, entweder, jede Wesenheit derselben in ihrer Absolutheit, als Centrum für sich, und demnach die Einheit als bestehend in der Unendlichkeit, oder, die urbildliche Identität, die Unendlichkeit in der Einheit, zu schauen. Die verworrene und inadäquate Ansicht aber ist, die Wesenheiten *in der Relation auf einander*, also in der Mischung, oder dem Zusammenfluss zu betrachten.

120. Jede Bestimmung also, die auf Relation, es sey einer Wesenheit auf die andre oder eines Dinges auf das andre, beruht, so wie die Betrachtung dieser Bestimmung, ist nur möglich in dem Abfall oder in dem Absehen von Gott, der die Wesenheiten als Eins und dennoch jede für sich als eine eigne Welt schaut.

121. Die äussere oder erscheinende Natur enthält ein Gleichniss des Unterschiedes von dem An-sich-seyn und dem bloss relativen Leben der Dinge. Die Schwere ist jedem Atom der Materie gleich unmittelbar gegenwärtig als das eingebohrne

Centrum, keiner gravitirt gegen den andern, sondern gegen die gemeinsame Einheit, welche die in allen gleiche ist. Erst indem die Wesenheiten der Materie anfangen, *gegen einander* zu gravitiren, rinnen sie zu dem dunkeln Kör|per zusammen und werden als *Dinge* gebohren, und der Verwandlung durch einander fähig.

122. Desgleichen ist kein Lichtstrahl dem andern im Wege oder wirft einen Schatten auf ihn, auch borgt keiner von dem andern sein Licht, sondern jeder leuchtet in eigenthümlicher Klarheit; die Körper aber, die zusammengeflossenen Scheinbilder, werfen wechselseitig auf einander ihren Schatten und schliessen sich aus.

123. Der Punkt, auf den es zwischen uns, die wir das ewige Seyn der Dinge in Gott behaupten, und zwischen denen, welchen die Realität der Endlichkeit unwidersprechlich scheint, ankommt, ist also keineswegs, dass wir ihnen die Herkunft derselben aus Gott zu zeigen haben, (da sie durch Gott *nicht* bejaht ist) (107), sondern, dass *sie* uns vorerst das eigentliche Daseyn einer solchen endlichen Welt beweisen sollen, als sie annehmen.

124. Zuvörderst sagen sie: alle Dinge sind wandelbar und werden unaufhörlich verwandelt, sie sind theilbar und werden getheilt, sie entstehen und vergehen. Wie sollten sie also der göttlichen Natur würdig seyn, die sich stets gleich, unwandelbar dieselbe ist! Aber die Dinge, welche entstehen und vergehen, sind auch nicht die wahren Dinge und sie selbst sagen, dass die Substanz unvergänglich ist und nicht verwandelt werden kann, sondern nur das Accidens d.h. eben die zufällige Einheit der Dinge als blosser Scheinbilder. (112).

125. Durch Geburt, Zeitleben und Tod trägt nach göttlicher Ordnung jedes Wesen dasjenige ab, was es | der blossen Endlichkeit, dem blossen Begriffenseyn in Gott, schuldig ist. Es existirt in der Zeit nur mit so viel seiner selbst, als an ihm Relation ist und auch nur dieses, was in Gott ewig vernichtet *ist* (89), wird an ihm durch die Zeit vernichtet.

126. Keine Position kann als solche eine Veränderung oder Verwandlung erfahren, noch eben deshalb untergehn. Sie ist nothwendig unwandelbar und unvergänglich. Es ist also im All kein Tod; nur dem relativen Seyn nach lösen sich die Dinge auf, nicht der Position (denn diese ist nothwendig einfach, auch indem sie wie die Position jedes Menschen die ganze Unendlichkeit begreift (106)), auch nicht der urbildlichen Einheit nach, derjenigen, die sie in Gott haben, sondern einzig der abgeleiteten Einheit, welche ein blosses, in der zerfallenen Unendlichkeit durch den Schein der Idea zusammengezogenes Bild und daher nothwendig vergänglich ist.

127. Jede Qualität der Natur ist eine unvertilgliche, ewige und nothwendige Position Gottes. Lasset zwey Qualitäten d und e durch die Relation, die sie auf sich haben, zusammenfliessen, und ihr habt ein gemeinschaftliches Product de; in Gott aber ist nicht dieses, sondern die absolute Einheit und die von ihr unzertrennliche Absolutheit jeder für sich (d und e); nur in dem Scheinbild ist die Mischung. Dessgleichen lasst diese Qualitäten sich trennen, so ist zwar das zusammengeflossene (de) verwandelt, jede der beyden Positionen aber und ihre ursprüngliche Einheit ist unverwandelt. |

128. Jedes Ding ist in jeder Vollkommenheit, jeder besondern Trefflichkeit, auch der seiner eigensten Individualität, ewig: ewig nicht nur der Einheit nach, die begriffen ist in der göttlichen Einheit, sondern auch der Unendlichkeit nach, aus welcher im relativen Leben der Leib formirt wird. Nur die Mischung, das zwischen Einheit und Auflösung ungewiss schwebende Scheinproduct ist nicht ewig, weil sein Daseyn jederzeit nur auf dem Verhältniss der Wesenheiten zu einander und so zuletzt auf den sämmtlichen Relationen im All beruht.

129. Wie herrlich ist der Mensch, wie viele Vollkommenheiten laufen in ihm, wie in einem Brennpunct, zusammen, so dass er alles Positive, das sonst gesondert existirt, in sich allein zu vereinigen scheint. Aber er als das Ganze, und wie er in Relationen erscheint, ist nur, wie das Sonnenbild ist, wenn jene die

dunkle Wolke im heitern Himmel wie aus Nichts schafft, und die durchsichtige Luft zu Wasser zusammenlaufen macht, um sich selbst in ihr wider zu strahlen. Sein Daseyn ist gesetzt und *dauert*, nur so lange die Verhältnisse der Positionen sich so gefügt haben, dass die Idea in ihnen widerleuchtet. Aber jene streben unaufhörlich nach der anfänglichen Freiheit; der Mensch vergeht, sobald jene Bedingungen vergehen, ohne dass deshalb etwas im All verschwände, wie der Regenbogen verschwindet, obgleich alle Elemente seiner Erscheinung bestehen, wenn nur ihre bestimmte wechselseitige Relation geändert ist. Die sinnliche, unter Relationen ringende, Natur hat gethan, was sie vermochte, | ein hinfälliges Bild geschaffen von dem, was ewig lebt und dieselbe nimmt es zurück auf die gleiche Art, wie sie es hervorrief.

130. Jedem Theil der Materie, auch in seinem relativen Leben, ist doch die Idea eingeschaffen: daher er bestrebt ist, die ihm zukommende Gestalt anzunehmen, und die blossen Relationen nichts darzustellen vermögen, das nicht einer Idea gemäss wäre und sein absolutes Prius in der ewigen Einheit hätte.

131. Die Zeit ist die Erscheinung der Einheit im Gegensatz der Unendlichkeit, die insofern in blosser Relation zerfallen ist. In dem Werden und Vergehen der Dinge schaut das All sein eignes heiliges und unendliches Leben an. Es schafft die Dinge, weil es die besondern Wesenheiten setzt, deren imaginäre Einheit das Seyn des Dings ausmacht; und es vernichtet sie, weil es jede derselben in ihrer Freiheit setzt, nicht in Relation auf einander.

132. Betrachtet ihr die Dinge nicht an sich, d. h. betrachtet ihr nicht entweder die Einheit in der Unendlichkeit ihrer Wesenheiten oder (119) ihre Unendlichkeit in der absoluten Einheit, erkennt ihr vielmehr nur die relative Einheit im Product, so vermögt ihr diesem, welches ein blosses Phänomen ist, keine Realität zu geben, als in Beziehung: nicht durch die wahre Wiederauflösung in seine Elemente und dadurch in das All (denn hiermit würde es selbst verschwinden), sondern durch ein Verhältniss zu Anderem, welches gleichfalls nicht an sich selbst,

sondern nur Phäno|men ist, also auch nur hervortritt in Bezug auf ein ihm Gleiches u.s.f. ins Endlose.

133. Dergestalt verwandelt die Imagination die actuelle Unendlichkeit des All in die empirische, dergleichen die der Zeit und auch die des Raumes ist.

134. Nie vermag die Ursach eines Dinges es der Substanz oder dem Wesen nach zu schaffen; sie bestimmt an ihm allein das Nichtwesentliche und das, wodurch es ihr selbst vielmehr ungleich als gleich ist. Die erscheinende Realität aber, da die blossen Relationen auch nicht einmal diese zu geben vermögen, giebt die durchblickende Idea. Denn das in den Relationen Lebende und einzig Positive ist nur diese: das Ding ist selbst die Idea, aber die bloss unter Relationen gebohrne, oder inwiefern sie auch ein Leben in Bezug auf andre, nicht nur auf Gott hat.

135. Da das Gesetz der Ursach und Wirkung selbst nur Wahrheit hat in Bezug auf das, was an sich ohne Wesenheit ist, so wird es damit von der Vernunft selbst als nichtig gesetzt.

136. Wodurch die Harmonie im Ganzen und im Einzelnen bestehe, und durch welche göttliche Fürsehung alles geleitet werde, haben wir schon angedeutet. Denn da die Relationen nur seyn können, inwiefern das ist, wovon sie es sind, das Wesentliche, und sie, als gar nichts an sich, auch überall nichts zu schaffen vermöchten: so mögen sie überhaupt nur schaffen, was in den Ideen vorher bestimmt ist und sind insofern die Werkzeuge der Ewigkeit.

137. Keine Zahl oder Zeit vermag die verschie|denen Geburten zu erreichen, die in der Unendlichkeit durch die Beziehungen der Positionen auf einander möglich sind. Welchermassen aber ein solches, das alle Bestimmung durch Zahl und Zeit unendlich übertrifft, in absoluter Position, als schlechthin gegenwärtige Unendlichkeit, seyn könne, dieses zu begreifen kann nur denjenigen schwer fallen, welche ganz der Imagination hingegeben sind.

138. Diese mögen sich vorerst an Wahrheiten der Geometrie üben, ob sie würdig werden die Vernunftunendlichkeit der Phi-

losophie zu schauen, z.B. an dem bekannten Fall, den Spinoza nennt: eines Raumes, der zwischen zwey Kreisen von verschiedenen Mittelpunkten eingeschlossen ist, wo sie gleichfalls eine durch Zahl absolut unerreichbare Unendlichkeit von Veränderungen, die eine in demselben bewegte Materie erleiden müsste, dennoch als eine beschlossene gegenwärtige vor Augen sehen.[11]

139. So ist in Gott ewig, zeitlos, gegenwärtig, was im Lauf der Ursachen und Wirkungen auch dem relativen Leben nach hervortritt, dessen Fülle aber keine Zeit, so wenig eine unendliche als eine endliche, erschöpfen mag. Wie das, was entsteht, für Gott nicht entsteht: so ist auch das, was in der Erscheinung vernichtet wird, in Gott schon vernichtet, und alles in ewiger Vollendung.

140. Die Zeit selbst, im grössten wie im kleinsten Theil, ist erfüllt von der Ewigkeit, die in ihr selbst besteht, wie Scheinbilder, die in der sichtbaren Welt durch besondere Verhältnisse entstehen, die ewige | Ordnung der Natur nicht verändern oder auf sie influiren können. Ohne diese stete Gegenwart der unendlichen Position als Allheit wäre das Verfliessen auch nur eines Theiles der Zeit undenkbar, d.h. die Zeit selbst wäre undenkbar.

141. Der Anfang ist in dem All mit dem Ende zugleich, d.h. es ist überhaupt weder Anfang noch Ende. In Ansehung des All ist die endlose Dauer nicht vom Augenblick verschieden; es wäre gleich unendlich in diesem, wie in jener, d.h. es ist überhaupt nicht in der Zeit.

142. Keine Position als solche kann ausgedehnt seyn oder Theile haben. Auch diess sind Bestimmungen desjenigen, dessen Daseyn überhaupt nur auf Relation beruht. Die Wesenheiten sind in dem Ding nicht Eins wie im Urbilde, sondern *verbunden* durch die *Relation auf einander*, durch das also, was sie *unter sich gemein haben*. Aber eben auch nur in Bezug auf einen Allgemeinbegriff, der die Einheit aufhebt, welche die Wesenheiten in Gott haben, nämlich die mit der Freyheit bestehende, findet Theilung und Theilbarkeit statt.

143. Jedes erscheinende Ding ist das verworrene Phänomen einer Unendlichkeit von Positionen, sofern sie in blosser Relation sind, und in welcher eben daher die Einheit zwar wiederscheint, aber nur vorübergehend und zeitlich. Die Einheit an sich aber ist das Bekräftigende der Unendlichkeit. Diese, ohne jene, (und sie ist ohne jene, so weit sie in Relation zerfällt), giebt daher die Erscheinung der Kraftlosigkeit, | der reinen Durchdringlichkeit, mit einem Wort, des Raumes.

144. Der Raum ist das Zeichen des steten Strebens der Dinge zur Auflösung und ihrer Elemente zur wechselseitigen Unabhängigkeit.

145. Alle Grössebestimmung überhaupt beruht allein auf dem Gegensatz der Unendlichkeit und der Einheit. Diess erhellt daraus, dass, wenn der Begriff der Grösse angewendet wird auf das, was nur als Einheit Unendlichkeit, und als Unendlichkeit Einheit ist, das *ἑν* jederzeit über dem *παν*, das *παν* über dem *ἑν* verloren geht. Die Imagination will das sinnliche Universum als Unendlichkeit und es ist endlos ausgedehnt, aber die Einheit fehlt: sie will es als Einheit, hier ist es endlich ausgedehnt, und die Unendlichkeit ist verloren.

146. In der wahren Unendlichkeit ist aber das Grösste nicht vom Kleinsten verschieden, d.h. es ist überhaupt keine Grösse, welche jederzeit nur eine relative, d.h. nichtige Bestimmung ist.

147. Auch Vielheit ist nur Begriff eines Dinges in Relation mit sich selbst, oder mehrerer Dinge in Relation mit einander, d.h. sie ist nicht ohne Allgemeinbegriff, also ohne Aufhebung der wahren Einheit der Dinge, derjenigen, die sie in dem Urbild haben.

148. Die erscheinenden wirklichen Dinge mögen auch nicht als Modificationen oder Affectionen, es sey der unendlichen Substanz oder ihrer Attribute (der Einheit und Unendlichkeit), beschrieben werden. |

149. Nicht der unendlichen Substanz. Denn als *Dinge* und ihrer Differenz von der Substanz nach sind sie bloss imaginäre Wesen, an denen nichts erkennbar bleibt, nach Hinwegnahme

der Idee, als die Relation. Durch ein blosses *Ens rationis* aber kann die unendliche Macht zu seyn so wenig begränzt oder afficirt werden, als das Wesen durch den Schein, das Seyn durch das blosse Nichtseyn mag begränzt werden.

150. Die *Einheit* wird nicht begränzt in dem Ding, denn sie scheint wieder in der Unendlichkeit, aber durch ihr ewiges Seyn, sie *wird* nicht, sondern tritt nur hervor, indem die Relationen *werden:* aber indem sie sich selbst schaut in der Unendlichkeit, setzt sie das *Ding* nicht, eben weil sie *sich selbst* setzt, wie dem Auge, sieht es sich selbst im Reflex, eben darum das Reflectirende verschwindet, oder, noch bestimmter, wie das Licht in der Brechung eben darum nur sich selbst setzt, weil es das (durchsichtige) Medium nicht setzt.

151. Eben so wenig wird die *Unendlichkeit* modificirt. Denn auch in der relativen Verbindung der Positionen selbst bleibt doch jene, als der ewige Grund der Realität jeder für sich, bestehen und erhält die Dinge nur durch das ewig gleiche Setzen der Einheit in jeder Position und demnach jeder Position als einer selbstständigen.

152. Das Phänomen der Dinge lässt sich beschreiben als beruhend auf einem Doppelbild. Das reine Compositum, oder die Relation für sich, wäre als ein | blosses Ens imaginationis ohne alle Realität, und könnte nicht gesehen werden ohne das Positive, das in ihm wiederleuchtet. Mit dem Positiven der durchleuchtenden Idea verbunden, erzeugt es aber ein Doppelbild; wir sehen die Position mit dem, was an sich Nichts ist, dem blossen Compositum, zugleich; also eine Mischung von Realität und Nichtrealität, ein wahres Scheinbild, das so wenig Wesentlichkeit hat, als das Spectrum solare, dessen Daseyn auf einem ganz ähnlichen Verhältniss beruht.

153. In der Refraction, deren symbolische Bedeutung die hohe Stelle bezeichnet, die sie unter den verschiedenen Phänomenen der Natur einnimmt, wird keinesweges das *Licht* gefärbt (auf welche Weise man diess denke), auch nicht sein Gegensatz: sondern eben nur das *Bild* ist das gefärbte, welches entsteht, indem

das, was allein an sich sichtbar ist, (das Licht) und das, was für sich schlechthin unsichtbar ist, (das Nicht-Licht oder Dunkel), als Eins gesehen wird. So ist in den Dingen keinesweges die Einheit oder die Unendlichkeit Gottes modificirt, sondern nur das *Ding selbst* ist *modificirt*, oder es ist ein auf blosser Affection, blossem Verhältniss Beruhendes, d.h. nicht an sich, nur Phänomen.

154. Dasselbe was von den Dingen, gilt auch von der erkennenden Natur, in wiefern sie nur die verworrene Unendlichkeit schaut (32.), die der Verstand sodann in Endlichkeiten verwandelt. Denn die Seele ist desselben Wesens wie der Leib, nämlich auch sie ist eine Position, die eine Unendlichkeit von Po|sitionen begreift. Also auch die Seele, nicht in ihrem Centro gefasst, sondern creatürlich, oder in der *Natura naturata*, ist zwar immer noch eine Unendlichkeit von Positionen, aber verworrene, in Relation zerfallende, so dass sie dem bloss relativen Seyn nach nicht minder ein lediglich transitives Wesen oder Phänomen ist, als die Dinge oder der Leib, welchen sie erkennt.

155. Der Grund des Verstandes in der Seele ist, dass, da sie selbst nur Realität hat in Relation, nicht an sich, sie auch alles andre nur in Relation, d.h. von Gott getrennt zu begreifen und in der Zeit zu haben versucht, welches die völlige Abwendung oder der gänzliche Abfall (defectio) von Gott ist.

156. Man könnte, sagt Leibnitz, in jeder Seele die ganze Schönheit des Universum lesen, könnte man alle ihre Falten entwickeln und auseinanderlegen: da aber jede, selbst deutliche, Perception der Seele eine Unendlichkeit von verworrenen Perceptionen in sich schliesst, die das ganze Universum eingewickelt enthalten, so erkennt die Seele, selbst die Dinge, von denen sie Perception hat, nur in dem Verhältniss, als sie dieselben in distincte Ideen auflöst.[12]

157. Jede Seele kennt das Unendliche, kennt Alles, aber dunkel. Wenn du das Brausen eines Waldes im Sturme vernimmst, so hörst du das Geräusch jedes Blattes, aber vermischt mit dem Geräusch aller andern, ohne es zu unterscheiden. So ist das Rauschen und Wogen der Welt in unsrer Seele. |

158. Alles, was ist, ist durch die Bekräftigung des ewigen Wortes, und hat seine eigne Melodie in sich selbst und für sich; aber die Seele hört diese nur vermischt mit den andern, ohne Einheit; Gott aber vernimmt jede für sich, in ihrer besondern Weise; denn er ist die Quelle, wovon sie ausgehen; und er vernimmt alle in vollkommner Zusammenstimmung und Einklang, wovon unsre Musik in der Erfindung der Harmonie eine schwache Nachahmung versucht hat.

159. Auf die Frage, die der am Abgrund der Unendlichkeit schwindelnde Verstand aufwirft: *Warum ist nicht Nichts, warum ist überhaupt Etwas?* ist nicht das Etwas, sondern nur das All oder Gott die vollgültige Antwort. Das All ist dasjenige, dem es schlechthin unmöglich ist, nicht zu seyn, wie das Nichts, dem es schlechthin unmöglich ist, zu seyn. Dem Nichts, (das ewig unmöglich, ewig Nichts ist), ist daher nur das All schlechthin entgegengesetzt. Keinesweges aber das Ding, sondern dieses nur beziehungsweise und zum Theil, denn es ist ihm nicht schlechthin unmöglich nicht zu seyn, sondern nur sofern es mit andern Dingen und im Verhältniss zu ihnen ist. Es ist daher nur Realität mit Nichtrealität gemischt und ein blosses Mittelwesen.

160. Das All daher ansehen als die vollständige Zusammensetzung aller besondern existirenden Dinge, ist nicht weniger ungereimt, als die lautere, die unendliche Realität zusammengesetzt denken wollen aus der vollständigen Mischung von Realität und von Nichtrealität. |

161. Die Frucht dieser Betrachtung ist die Einsicht: dass das Endliche ewig nicht wahrhaft zu seyn vermag, dass nur Unendliches ist, absolute, ewige Position von sich selbst, welche Gott ist und als Gott All.

E) *Von den Unterschieden der Qualität im Universum.*

162. Der Unterschied einer göttlichen Identität von einer blos endlichen ist, dass in jener nicht Entgegengesetzte verbunden werden, die der Verbindung bedürfen, sondern solche, deren jedes für sich seyn könnte, und doch nicht ist ohne das andere.

163. Diess ist das Geheimniss der ewigen Liebe, dass, was für sich absolut seyn möchte, dennoch es für keinen Raub achtet, es für sich zu seyn, sondern es nur in und mit den andern ist. Wäre nicht jedes ein Ganzes, sondern nur Theil des Ganzen, so wäre nicht Liebe: darum aber ist Liebe, weil jedes ein Ganzes ist und dennoch nicht ist, und nicht seyn kann ohne das Andre.

164. Gott ist als Einheit, als Unendlichkeit und als absolute Identität beyder nur Ein und dasselbe untheilbare Wesen, als jedes ganz und doch keines davon allein oder ohne das Andre.

165. Ist die Unendlichkeit und ist die Einheit jede gleich absolut und für sich das Ganze: so kann auch die Identität beyder nur das *in beyden Gleiche*, also nicht Mehr seyn als jedes von ihnen insbesondere ist, | wie die 1 als Product von sich selbst wieder nur 1 seyn kann.

166. *Jene* Art der Identität, die nur Verbindung ist, und die wir, zum Unterschiede der göttlichen (162), als blosse Indifferenz bezeichnen wollen, kann daher nicht in Gott, sondern nur in den abgeleiteten Dingen seyn.

167. Denn, wie Unendlichkeit und Einheit in absoluter Identität jede auch für sich absolut ist und nur Absolutes erzeugt: so gebiert dagegen ihr Einsseyn in blosser Relation nothwendig ein endliches und auf Affection beruhendes Seyn.

168. Die Unendlichkeit, in Relation auf die Einheit, d.h. nicht an sich selbst, betrachtet, kann als das Affirmirte derselben erscheinen, so wie die Einheit in gleicher Betrachtung als das Affirmative von jener. Aber das durch die Position Gottes Affirmirte ist (86) selbst ein Gottgleiches, also nicht ein bloss Affirmirtes, sondern Affirmation von sich selbst.

169. Zuvörderst ist also im All kein Unterschied eines an sich Objectiven und eines an sich Subjectiven: sondern was du als ein Objectives bestimmst, ist nur das unendliche Für-sich-seyn der in Gott begriffenen Positionen, oder: es ist die Einheit in der Unendlichkeit: desgleichen, was du als das Subjective bestimmst, ist nicht bloss Einheit in Gegensatz der Unendlichkeit, sondern Unendlichkeit als aufgelöst in der Einheit.

170. Die Einheit in der Unendlichkeit, oder die Einheit, in wiefern sie Centrum ist in jeder Position | für sich, ist der Grund der Natur als der ewigen Geburt aller Dinge: die zeitliche Natur aber, oder die Natur der Erscheinung nach, ist nicht die reine Einheit in der Unendlichkeit, sondern die Einheit in wiefern sie, zwar der Unendlichkeit eingebohren, nur durch Relationen hindurchleuchtet.

171. Die Einheit nämlich zeugt von Ewigkeit, und auf ewige Weise in der Unendlichkeit Ebenbilder von sich selbst, die, gleich ihr, unendliche Positionen von Positionen sind: von dieser ewigen Einbildung der Einheit in die Unendlichkeit aber reisst sich die sichtbare Natur, als die bloss unter Relationen bestehende Erscheinung derselben los.

172. Ist daher irgend ein Unterschied der Dinge in der Natur: so können sich diese, als eben so viele Abdrücke des All, von einander nur durch die verschiednen Verhältnisse der Einheit und der Unendlichkeit unterscheiden, keinesweges aber durch wirklichen Gegensatz.

173. Die Unendlichkeit an den Dingen, in der Relation auf die Einheit, ist der *Leib* der Dinge, dessen wahres Seyn oder (170) ewige Geburt auf der Realität der besondern Wesenheiten beruht, die in ihm zusammenfliessen, und deren jede für sich unvertilglich und ewig ist (127).

174. Die Einheit dagegen, in Relation auf die Unendlichkeit, ist an den Dingen die *Seele*, welche also zwar an sich betrachtet gleich dem Centro, relativ aber auf das Ding, das verworrene Gegenbild ihrer Einheit, nur ein Geschöpf des Centri ist. |

175. Aller Gegensatz von Seele und Leib beruht auf dem blossen durch Relation erzeugten Schein: beyde sind, in allen Dingen, nothwendig Ein und dasselbe Wesen, denn es ist Ein und dasselbe Wesen im All, (Gott), welches Einheit und welches Unendlichkeit ist: Eins das Objective und Eins das Subjective, (169) Eins der Mittelpunkt und Eins der Umkreis.

176. Nur durch das nothwendige Einsseyn von Leib und Seele ist jedes Ding ein *Ganzes* in Bezug auf sich selbst, und auf abgeleitete Weise, wie das All auf ursprüngliche Weise, dadurch, dass es die Einheit und die Unendlichkeit gleicher Weise in sich fasset.

177. Die Dinge sind eben so unendlich-real als sie unendlich-ideal sind. Denn das Reale oder der Leib an ihnen ist die Einheit in der Unendlichkeit (173); das Ideale aber, oder die Seele ist die Unendlichkeit in der Einheit, oder es ist die Position jener Unendlichkeit.

178. Die lautere Einheit in der Unendlichkeit ist in der Natur als *Schwere*. Denn die Schwere ist dasjenige, kraft dessen jede Position im All ein Centrum für sich ist.

179. Die Unendlichkeit in der Einheit dagegen scheint wieder in der Natur durch das *Licht*, obgleich das, was insgemein so genannt wird, nur die an der einzelnen Stelle durchbrechende Erscheinung der Einheit ist, und diese eben so lebt im Klang und in andern Erscheinungen. |

180. Durch die Schwere offenbart sich Gott als das, was ganz Mittelpunkt ist auch in jedem Punkte des Umkreises. Durch das Licht aber als das, was ganz Umkreis ist auch im Mittelpunkt.

181. Die Schwere sieht das Herz der Dinge an, nicht aber ihre Besonderheit, denn sie setzt jede Wesenheit jedes Dings unmittelbar, distincter Weise und als Centrum für sich (178) unangesehen des Confluxus.

182. In wiefern die Schwere das Zusammengeflossene nicht erkennt, sondern nur das Relationslose, die lautere Unendlichkeit in jedem Ding, in sofern kann sie als das Allgemeine der

Dinge, als dasjenige bezeichnet werden, vermöge dessen kein besondres Ding als solches wäre.

183. Da aber die Relation der Wesenheiten auf einander als ein blosses Ens rationis für sich nichts zu schaffen vermöchte, so muss die Position der in dem Ding zerfallnen Unendlichkeit, d.h. die Einheit oder das gleich ewig gebohrne Licht durchleuchten, damit die Dinge erscheinen. Das Licht ist in sofern das Schaffende des *Dings* als solchen, oder dem eignen Leben nach.

184. Da das Ding, als Ganzes, nur seyn kann, in wiefern die Schwere jede der besondern Wesenheiten setzt, deren abgeleitete Einheit es selbst ist, so verhält es sich zu der Schwere als seinem *Grunde,* zu dem Licht aber, welches den Exponenten hergiebt, oder den Begriff des gemeinsamen Lebens der Positionen in ihm, als zur *Ursache* seiner Wirklichkeit.

185. Nach dem Grundsatze aber, dass sich die | Dinge von einander durch die blossen Verhältnisse der Einheit und der Unendlichkeit unterscheiden, sind nur folgende Verschiedenheiten denkbar. Entweder, dass sie – (nicht in Bezug auf sich selbst, denn diess (177) ist undenkbar, sondern verglichen mit andern) – mehr der Unendlichkeit angehören, oder, dass die Einheit in ihnen vorherrsche, oder, dass beyde, Unendlichkeit und Einheit, in Gleichgewicht bestehen.

186. Die Unendlichkeit herrscht vor, und die Einheit ist in ihr versunken, in wiefern das besondre Leben der Dinge als abhängig erscheint von dem Leben in der Unendlichkeit, dem Für-sich-seyn der Positionen. Dieses ist das Leben der Dinge in der Schwere, welche jedes derselben auf die einfache Wurzel alles Daseyns, die Positionen in ihrer Geschiedenheit, reducirt; oder das Leben im Raum, welcher das Zeichen der wechselseitigen Unabhängigkeit der Positionen ist (144).

187. Dagegen ist die Zeit (131) die Einbildung der Identität in die Differenz, wodurch also die wechselseitige Unabhängigkeit der Positionen verlohren geht. Das Vorherrschen der Einheit drückt sich also durch das Leben der Dinge in der Zeit

aus, womit zugleich das Bestehen und das unabhängige Seyn im Raume (die Unendlichkeit) negirt ist.

188. Das vollkommne Gleichgewicht wird da seyn, wo die Einheit besteht, ohne dass das Für-sich-seyn der Positionen aufgehoben ist, und die Unendlichkeit besteht, ohne dass die Einheit negirt ist.

189. Es ist die Sache der ins Besondere eingehen | den Betrachtung, zu beweisen, dass diese drey Stufen der Dinge wirklich ausgedrückt sind in der Natur: die erste durch die Materie, sofern die Besonderheit, (das Werk der Einheit an ihr), ganz der Unendlichkeit untergeordnet ist; die zweyte durch die Bewegung, so fern sie aus der Besonderheit der Dinge, aber, – (da diese erst durch die Relationen der Wesenheiten auf einander der Geburt, der Verwandlung und dem Untergang unterworfen werden) – mit Verlust ihres von einander unabhängigen Lebens im Raume entspringt; (den dynamischen Process); die dritte durch den Organismus, in welchem mit dem Leben in der Zeit zugleich das Leben im Raume und das Seyn jeder Position für sich unabhängig besteht.

190. Auf der ersten Stufe besteht zwar die actuelle Unendlichkeit der Materie (177), aber sie besteht nur für die Schwere, nicht aber zugleich für die Einheit, d.h. sie besteht unerkennbar. Auf der zweyten Stufe ist zwar die Einheit, als das Affirmative der in dem Ding begriffnen Unendlichkeit, gesetzt, dagegen ist die Unendlichkeit in ihrem Für-sich-seyn negirt. Auf der dritten Stufe aber besteht, (obgleich immer auf endliche Weise), mit der Einheit zugleich und erkennbar die wahre actuelle Unendlichkeit, die unendliche Theilbarkeit nicht nur, sondern wirkliche Getheiltheit der Materie und umgekehrt.

191. Diese Stufenfolge können wir nun auch, in der bloss relativen Betrachtungsweise, als eine Folge von Potenzen ansehen. Denn die Unendlichkeit ist die unendliche Position oder Affirmation Gottes schlecht | hin betrachtet = A^1, die Einheit ist (168) die Affirmation dieser Affirmation = A^2; die Indifferenz

beyder endlich ist die Position jener beyden Positionen, wodurch sie selbst wieder als Eins gesetzt werden = A^3.

192. Da aber in allen Dingen Einheit, Unendlichkeit und eben deshalb auch (166) die Indifferenz beyder nothwendig sind (172): so sind auch alle Dinge, unangesehen ihrer Verschiedenheit in Bezug auf einander, aus dem dreyeinigen Wesen gebildet, dessen Typus sich im Grössten wie im Kleinsten abdrückt. So ist in jedem Atom der Materie die Unendlichkeit von Positionen, die sich in Relation als reines Zerfallen, reine Durchdringlichkeit darstellt; aber in demselben ist auch die Einheit, welche die Unendlichkeit setzt in Bezug auf sich selbst, als eine Welt, in der sie *sich* anschaut; und eben daher ist in ihr auch die sinnliche Indifferenz der Einheit und der Unendlichkeit, welche das Abbild der wahren Substanz ist.

193. Diese Potenzen begründen keine Verschiedenheit weder in Gott noch unter den Dingen noch in dem Ding selbst, denn wie in der Vernunft mit dem Wissen selbst = A^1 unmittelbar auch das Wissen dieses Wissens = A^2, und ferner das Wissen der Einheit beyder = A^3, gesetzt ist, und doch nur *Ein* wirkliches und untheilbares Wissen ist, so ist in Gott die unendliche Position, die Position dieser Position und die Position des Einsseyns beyder nur eine und dieselbe unendliche Position.

194. Desgleichen ist nicht allein im Ganzen der | Dinge, sondern *in jedem Ding* die Einheit, die Unendlichkeit und die Indifferenz beyder nur Eine und dieselbe unzertrennliche Realität.

195. Nach der Vorstellung von Potenzen lässt sich die Abstufung der Dinge so darstellen. Die Dinge, in wiefern sie nur aus der Affirmation der ersten Potenz = A^1 folgen, *sind*, aber es ist nicht in ihnen selbst zugleich die Affirmation dieses Seyns, die Einheit ist nur in der Unendlichkeit und diese herrscht vor – Punkt des höchsten Uebergewichts der Bewusstlosigkeit oder der Objectivität für die Erscheinung. In dem Verhältniss als mit der Existenz in der Unendlichkeit = A^1 auch die Position dieser Existenz = A^2 an den Dingen selbst ausgedrückt ist, erschei-

nen sie individuell beseelt und das innere oder subjective Leben herrscht über das äussere oder das leibliche. Dadurch endlich, dass ausser der Existenz = A^1 und der Position dieser Existenz = A^2 auch die Position des Einsseyns beyder = A^3 hervortritt, gelangt nicht nur jedes einzelne Ding, in seiner Art, sondern die Stufenfolge der Dinge selbst, zur Vollendung, nämlich zur Darstellung eines wahren Ebenbildes des All.

196. Aller Unterschied der Dinge der Art des Seyns nach lässt sich auf diesen Unterschied der Potenz zurückführen. Aber *eben dieser Unterschied selbst wird nur gemacht in Relation* eines Dings auf andre besondre Dinge, oder auf das Ganze der Dinge, *nicht aber in Bezug auf das Ding selbst,* welches, es sey nun, der Vergleichung nach, das Geringste oder Grösste, jederzeit (192) gebildet ist aus demsel|ben Wesen wie das Ganze und ihm gleich ist der Qualität nach.

197. In jedem organischen Wesen, ja in jedem, auch dem kleinsten Theil desselben, erkennst du die actuelle Unendlichkeit und die Einheit jede für sich und dennoch als Eins. Aber jeder Atom der Materie ist eine eben so unendliche Welt, als das ganze Universum; im kleinsten Theil tönt das ewige Wort der göttlichen Bejahung wieder. Die Weise aber, wie er die Fülle des Ganzen in sich abbildet, gehört nicht mehr zum Wesen; sie ist bloss, in wiefern verglichen wird, und gehört zu dem Schatten, den die Dinge in der unendlichen Substanz auf einander werfen.

198. Jeder Atom der Materie, sagt Leibnitz, ist ähnlich einem Garten voll Gewächse, oder einer Flüssigkeit, in der jeder Tropfen angefüllt ist von lebenden Wesen.[13] Aber jeder Zweig eines jeden Gewächses in diesem Garten, und jeder Theil in jedem Tropfen dieser Flüssigkeit ist selbst wieder ein Garten, selbst wieder ein Meer von lebendigen Wesen.

199. Bezogen auf andre Dinge, oder auf das Ganze der Dinge ist in der Materie wohl ein Uebergewicht der Unendlichkeit (186), aber in Beziehung auf sich, oder an sich selbst betrachtet ist in ihr vollkommnes Gleichgewicht; die Einheit ist *in ihr selbst* gleich der Unendlichkeit, das Subjective dem Objectiven.

Wenn also nur die Materie existirte, nichts ausserdem, so würde sie nicht insbesondre als real erscheinen, sondern selbst als ein All von eingebohrner Absolutheit. Die Forderung der Vernunft ist aber | eben diese, jedes Ding an sich selbst zu betrachten, und als ob nichts ausser ihm wäre.

200. Die Natur als Einheit in der Unendlichkeit ist für sich ein All und trägt in sich alle Potenzen der Dinge, ohne doch selbst eine davon insbesondre zu seyn. In ihr ist das absolute Prius einer jeden; in ihr ist die Einheit, die Unendlichkeit und die Identität beyder, jede in gleicher Klarheit ungemischt und doch in ewiger Einheit, wie, um ein entferntes Beyspiel zu geben, im unendlichen Raum Länge, Breite und Tiefe jedes für sich und doch zugleich in unzertrennlicher Einheit ist.

201. Nur sofern die Dinge als körperlich, d.h. als Affectionen der Einheit und der Unendlichkeit erscheinen, nur in sofern erscheint auch das All der Dinge, die Natur selbst, als körperlich, an sich selbst aber ist sie affectionslose Substanz. Wir mögen freylich in den Weltkörper empirisch so tief eindringen, als wir wollen, so finden wir Erden, Metalle und andre ähnliche Dinge, aber diese, als solche, sind keineswegs das ewig bestehende Wesen, die Substanz, welche als das Apriori aller körperlichen Dinge nothwendig selbst nicht körperlich ist.

202. Kraft derselben Betrachtungsweise, durch welche die unendliche Natur körperlich, (als Weltkörper), erscheint, geschieht es, dass wir der in Relation betrachteten, (von der Unendlichkeit abstrahirten), Idea ein Andres entgegensetzen, das wieder nur ein Relatives, (Centralkörper), ist; nicht die absolute Einheit, u.s.f. ins Endlose. Es ist also blosse | Folge der verworrenen Betrachtungsart, wodurch sich das Weltall für uns in ein System von Körpern verwandelt: wahrhaft aber ist es der unendliche und unsterbliche Gott, der in dem Weltsystem lebt und der nicht Körper, nicht Materie ist, sondern allgemeine affectionslose Substanz.

203. Dieser Gott, in dem das Wesen aller Dinge ist, der aber selbst in ungetrübter Einheit besteht, setzt aber ausser und über

den besondern Dingen noch das potenzlose Bild seiner potenzlosen Identität.

204. Wo nämlich alle Qualitäten der Natur zusammentreffen, die Peripherie (wie im Weltkörper) gleich wird dem Centro, und die Einheit mit der Unendlichkeit, nicht nur zugleich, sondern in absoluter Gleichheit besteht: da verschwindet alle Potenz und das Göttliche selbst tritt hervor, und leuchtet durch in der qualitäts- und dimensionslosen Vernunft, welche das auf der Schöpfung ruhende Antlitz Gottes ist.

205. In der Vernunft geht alle Objectivität unter, aber eben daher auch alle Subjectivität: nur lautere Position, gleich unendlich in der Einheit, wie in der Fülle des Seyns, lebt und erkennt sich selbst in ihr.

206. Schon in der ersten Idee ist enthalten die Idee eines Seyns, das auf unendliche Weise das Erkennen (61), und eines Erkennens, das auf unendliche Weise das Seyn einschliesst. Diese Einheit geht durch alle Formen der Natur hindurch. Sie ist keine Einheit der Verbindung, sondern: dasselbe, was in gewisser Beziehung ein Seyn ist, ist an sich selbst | auch ein Schaffen, oder Position; dasselbe also welches real ist, auch ideal.

207. Die Schwere ist das Anschauen der Natur. Das, wodurch die Extension der Dinge im Raum bestimmt ist, ist, als Form des Seyns, auch Form der Perception, nämlich Selbstbewusstseyn; die Qualität der Dinge ist ein Empfinden der Natur in den Dingen.

208. Die erste Potenz der Dinge ist die der Reflexion der Natur, wodurch sie sich selbst als Einheit in der Unendlichkeit reflectirt; die andre ist die der Subsumtion, in der sie das Affirmirte oder Unendliche der ersten wieder auflöst in die Einheit: die dritte Potenz ist die der Einbildungskraft der Natur, die in den Thieren noch träumt, im Stein schlief, und im Menschen erwacht. Das Weltsystem ist das Göttliche oder die Vernunft der Natur, das Potenzlose alles in sich Auflösende.

209. Wie nun keine Welt ist, die an sich real wäre, so nothwendig auch keine, die an sich ideal, da sie es nur im Gegen-

satze seyn könnte. Sondern Alles ist *Dasselbe* dem Wesen nach, nämlich unendliche Affirmation Gottes. Dasselbe was du dort als Erde zerfallen, als Krystall anschiessen, als Metall sprossen, oder als Pflanze und Thier sich ausbreiten siehst in lebende Glieder, dasselbe regt sich auch hier in eigenthümlicher Bildung, nur *als* Position auch erscheinend, da es dort unter dem Siegel des Seyns beschlossen schien.

211.[14] Ist in der Natur, nicht an sich betrachtet, sondern nur in Beziehung, ein relatives Plus der Unendlich|keit oder der Existenz, so dass sie nur durch drey Potenzen zur Vollendung in einem besondern Wesen, nämlich zur Gleichheit der Existenz ($= A^1$) und der Position dieser Existenz ($= A^2$), also zur A^3) gelangt: so wird dagegen in der idealen Welt ein gleiches, aber auch nur relatives, Plus der Affirmation hervortreten.

212. Die Natur, welche mit dem höchsten Fleiss und Kunst sich bemüht, Gewächse göttlicher Art zu schaffen, strebt durch alle Formen so viel möglich, die wesentliche Einheit mit der zufälligen (109) Eins zu machen. Allein die zufällige Einheit, obgleich in der Blüthe der Natur (204), an sich und dem Wesen nach, der ganzen Unendlichkeit gleich und aus allen Qualitäten der Natur gebildet (205) ist doch der Zufälligkeit halber und jene Qualitäten nur unter dem eitlen Band von Relationen vereinigend, zur wesentlichen Einheit im Verhältniss des *Dings* oder der Endlichkeit. Die Seele dagegen dieser vollkommensten Organisation ist nicht nur im Centro begriffen, wie alle Einheiten der Dinge, so viel ihrer die Natur streben mag zu schaffen, sondern selbst das Centrum; nicht bloss die Idea, sondern die durchleuchtende Einheit aller Ideen.

213. Wie also die Natur nur dadurch ihre Vollendung erreicht, dass die Einheit *ganz* sich erkennt in der Unendlichkeit ($A = A$) und ihr gleich wird: so die ideale Welt nur dadurch, dass die Unendlichkeit, der Fesseln der zufälligen Einheit wieder entbunden, in gleicher Klarheit mit der Einheit bestehe: welches | auf verschiedne Weise trachten zu vollbringen die Wissenschaft, die Religion und die Kunst, am meisten aber die göttliche, alles auf-

lösende Philosophie und der in unendlicher Freyheit und Einheit zugleich lebende harmonische Staat.

214. Tiefer einzudringen in die Verhältnisse der idealen Welt ist jetzt nicht unsers Amtes *), sondern nur klar zu beweisen, (wie wir denn bewiesen haben), dass nur Ein Universum ist, ein durchaus sich selbst gleiches, eingebohrnes, gleicher Einheit und gleicher Unendlichkeit, auf welche als das in allem Gleiche, Unwandelbare und stets Bestehende zurückkommen alle Geburten, welche in dem Universum sind und aus ihm hervorgehen.

*) Zur Uebersicht wollen wir das Ganze in folgendem allgemeinen Schema darstellen, jedoch vor Missbrauch warnen, die den Geist nicht haben, es zu beleben.

Gott

Das All

relativ-reales All		*relativ-ideales All*
Schwere (A^1), Materie		Wahrheit, Wissenschaft
Licht (A^2), Bewegung		Güte, Religion
Leben (A^3), Organismus		Schönheit, Kunst
das Weltsystem	Vernunft	die Geschichte
der Mensch	Philosophie	der Staat.

215. Haben wir also zuvor alle Unterschiede der Existenz als nichtig erkannt an sich selbst: so mögen wir jetzt auch alle Qualitätsunterschiede als aufgelöst schauen im Absoluten. *)

*) Die Nichtigkeit des Unterschiedes anschaulich zu machen, | haben wir uns auch sonst der folgenden Darstellung bedient. In gegenwärtiger Linie

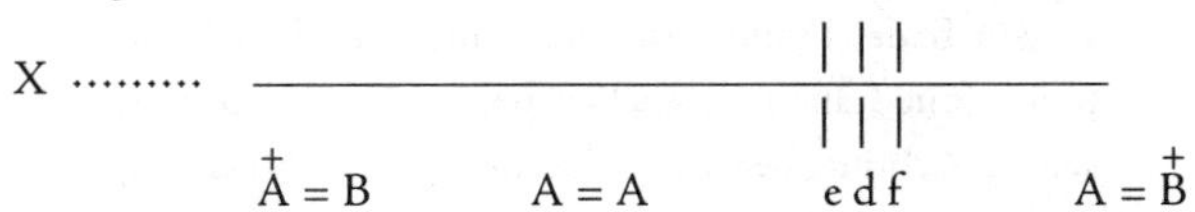

stelle der Punkt A = A die absolute Identität der Unendlichkeit und der Einheit dar: nach beyden Richtungen von diesem Punkt aus sey zwar dieselbe Identität, aber nach der einen mit einem, relativ auf die ganze Linie stattfindenden, Uebergewicht der Unendlichkeit = $(A = \overset{+}{B})$ nach der andern mit einem gleichen Uebergewicht der Einheit = $(\overset{+}{A} = B)$ gesetzt; so ergeben sich folgende Bemerkungen.

1) In jedem Punkt dieser Linie ist durchaus das Gleiche. Das Plus in $(A = \overset{+}{B})$ bezeichnet nicht ein Ueberwiegen des B relativ auf $(A = \overset{+}{B})$ selbst, sonst wäre keine Identität; relativ auf sich selbst oder *in sich selbst* ist dieser Punkt vielmehr vollkommne Gleichheit beyder; nur relativ auf andre Punkte findet ein Uebergewicht der Unendlichkeit statt, welches aber vom *ganzen* $(A = \overset{+}{B})$ gilt. Dasselbe gilt von $(\overset{+}{A} = B)$. Dass nun aber auch dieses Plus oder Minus jedes Punkts das Wesen desselben nicht bestimme, ist daraus klar, dass, wenn die Linie nach der Richtung von x fortgesetzt würde, der nämliche Punkt $(\overset{+}{A} = B)$, welcher zuvor ein relatives Plus von A bezeichnete, in Bezug auf x jetzt ein relatives Minus desselben darstellen würde. Das Positive jedes Punkts ist also immer nur, dass A = A ist, dass aber diese Identität selbst mit einem Plus der Objectivität oder Subjectivität gesetzt ist, hat keinen Bezug auf das innre Wesen desselben, sondern bezeichnet nur seine Beziehung. |

2) Was von der ganzen Linie gilt, gilt auch von jedem einzelnen Theil ins Unendliche.

3) Das Theilbare in der Linie ist also keineswegs das A = A selbst, (das An sich, das Wesen), sondern dasjenige, was erst gesetzt wird durch die Relation der Punkte auf einander.

4) Die beyden äussersten Punkte heissen Pole, der Punkt $(\overset{+}{A} = B)$ der positive, der entgegengesetzte der negative, der Punkt A = A Indifferenzpunkt: so ist jeder Punkt der Linie Indifferenzpunkt, Pol und positiver oder negativer Pol, je nachdem er bezogen wird: z. B. der Punkt d ist, relativ auf e und f zugleich, Indifferenzpunkt, mit f allein verglichen positiver, mit e und den nach derselben Richtung liegenden Punkten allein verglichen negativer Pol. Genau gesprochen ist er also weder positiver noch negativer Pol noch selbst Indifferenzpunkt: keine dieser Bestimmungen ist eine Bestimmung des Punkts wie er an sich selbst ist.

(Der Punkt d stelle irgend einen Körper der Natur z. B. den Magnet vor: dieser ist relativ auf das Licht objectiv; es ist in ihm ein Plus von Seyn; relativ auf einen andern Körper ist er perceptiv, denn er hat eine Perception, z. B. des Eisens ausser sich. Der Organismus ist relativ auf Licht und Materie Indifferenzpunkt; relativ auf das Wissen gehört er selbst wieder dem Uebergewicht der Unendlichkeit an und ist objectiv; eigentlich ist er also weder das eine noch das andre an sich.)

Wie sich die absolute Position der angegebnen Linie, die ich keineswegs als eigentliches Schema der Philosophie oder des Universum selbst, (denn dieses geht nothwendig und ewig in sich selbst zurück) sondern nur als | analoges Beyspiel betrachtete, zu der Linie selbst verhält, so verhält sich Gott zu dem All der Dinge. Wie nämlich in der Idee einer solchen Linie kein Punkt als *dieser*, z. B. als positiver oder negativer, an sich gesetzt ist, indem diese Bestimmung erst dann entsteht, wenn der Punkt abstrahirt vom Ganzen und nicht in Beziehung auf die Position, sondern auf *andre Punkte* betrachtet wird; wie also seine Differenz erst sich *findet*, nachdem das Ganze gegeben ist: so ist auch durch die unendliche Affirmation Gottes kein Ding *als dieses besondre* der Art nach, es ist nur als absolute Identität gesetzt und seine Relation *findet* sich erst *in* dem Ganzen und mit dieser seine Qualität in Bezug auf andre.

216. Das Absolute selbst aber, oder Gott ist das schlechthin Potenzlose, nicht die Potenz, auch nicht die höchste oder unendlichmal höhere von irgend etwas das ist, sondern Alles in Allem, das durchaus und in jeder Rücksicht Bestimmungslose. *)[15]

*) Der Punkt, an welchen sich der ganze Missverstand der Philosophie anknüpft, den ich noch immer und nur noch deutlicher, als zuvor, in der Tendenz der neuesten Werke von Eschenmayer, und mehrerern seiner Nachfolger erkennen muss, ist grade der eben angegebne. Eschenmayer begriff das Absolute der Philosophie als Potenz: anstatt nun an die Stelle dieses (missverstandnen) Absoluten das wahre, nämlich das potenzlose, zu setzen, suchte er es wieder in einer Potenz; nur in einer unendlichmal höheren als die Philosophie erreichen könne, welches gleich widersprechend ist von Seiten der Idee des Absoluten und von Seiten des Begriffs der Potenz

betrachtet. So lange das Absolute überhaupt durch Potenz, gleichviel welche bestimmt wird: so lange wird es noch | in der Sphäre der Relativität, nicht der der absoluten Freyheit betrachtet. Ausser dem Absoluten aber ist nichts, zu dem es sich als Potenz verhalten könnte; es ist das, zu dem alles Seyn gehört, das aber selbst zu keinem andern gehört und nichts anderem gleich oder ungleich ist. Keine Potenz kann die absolute, die höchste seyn. Daher auch Eschenmayer über der Potenz des Seligen wieder eine unendlichmal höhere suchen und so nach der Weise der bisherigen Reflexionsphilosophie nur eine endlose Annäherung zum Absoluten, (d.h. eine unendliche Negation wahrer Erkenntniss des Absoluten) der Philosophie zum Ersatz anbieten kann.

In der Schrift: Uebergang der Philosophie zur Nichtphilosophie ist es deutlich, dass der Verfasser die drey Potenzen, des Endlichen, Unendlichen und Ewigen, als ausser einander befindliche, wie Sprossen an einer Leiter, denkt und die höchste derselben, das Ewige = A^3, für das ausschliesslich Absolute ansieht. Die Behauptung war aber diese: dass das Endliche, Unendliche und Ewige gleicherweise absolut sind und im Absoluten als Eins liegen. Wäre allein das Ewige (= A^3), so wäre, da dieses die Indifferenz ist, eben damit weder das Endliche noch das Unendliche gesetzt; es wäre *nur* Indifferenz gesetzt, allein in dem Absoluten ist die Differenz (in diesem Betracht) eben so absolut als die Indifferenz, die Einheit und die Entgegensetzung sind selbst wieder Eins. Die Differenz ist reell, denn das Endliche wie das Unendliche, jedes dieser Attribute Gottes, ist selbst göttlich und von eigner Selbstständigkeit. Die Einheit ferner beyder ist keine endliche, in der nur vernichtbare Gegensätze begriffen sind, sondern eine göttliche nach der Erklärung, die wir schon (162) gegeben haben. – Ein andrer Schriftsteller weisst mich aus der indischen | und christlichen Dreyeinigkeitslehre zurecht und belehrt mich, dass die Indifferenz, das Ewige (= A^3) nicht das ganze Absolute, d.h. dass der Vater nicht allein Gott sey!

217. Alle Potenzen sind sich unter einander gleich in Ansehung des Absoluten: d.h. keine folgt aus der andern, sondern

jede folgt auf die gleiche Weise aus der absoluten Identität. Die Formen sind in der Allheit nicht nach einander, und entspringen nicht auseinander; sondern, darum ist Allheit, weil absolute Identität, d.h. weil alles was ist in gleichem absoluten Leben lebt.

218. Der Grad der Realität eines Dings, (worunter hier nicht die relative, sondern die Substantialität verstanden wird), das Mehr oder Weniger des Positiven also, das ein Ding in sich schliesst, steht im Verhältniss seiner Annäherung zur absoluten Identität, zur Fülle der unendlichen Affirmation.

219. Dem Erscheinungsleben nach gleich endlich, und gleicherweise nur unter Relationen gebohren, unterscheiden sich also die Dinge durch Grade der Realität: wie in der Zahl 3, obschon sie endlich ist gleich 1, dennoch ein grösserer Gehalt ist, denn in dieser. So ist z.B. an dem, was nur aus der Affirmation der ersten Potenz (195) folgt, und in so weit es nur kraft derselben existirt, auch nur die *Existenz* erkennbar als eine solche, die nicht aus ihm selbst folgt, d.h. ein solches erscheint am meisten endlich. Ein höherer Grad von Realität ist in dem, an welchem sich A^3 darstellt: denn es begreift, auch für die bloss relative | Betrachtungsweise, ausser der Existenz noch die Position der Existenz und die Position des Einsseyns beyder. Den höchsten Grad von Realität aber hat, was selbst Bild der Substanz ist, sofern sie nicht im besondern Ding sondern im All der Dinge lebt. Ein solches ist nur Eines, der Mensch.

220. Aber diese grössern und geringern Grade der Realität schliessen doch keine *Privation* ein in Ansehung der letztern, als bloss beziehungsweise auf *unsern*, discursiven, (Allgemeinbegriffe bildenden und das Besondre damit vergleichenden), Verstand. *Beraubung* findet nur da statt, wo einem Ding genommen ist, was zu seinem Begriff gehört. Aber nach der absoluten Identität, die im All zwischen dem Begriff und der Existenz ist, kann zum Begriff eines Dings, sofern er enthalten ist im Begriff des All, nichts gehören, das nicht auch durch die Existenz des Dings ausgedrückt wäre. Seine wahre Vollkommenheit, bloss relativ auf sich selbst, d.h. wahrhaft betrachtet, besteht also

grade darin, das zu *seyn*, was es *ist*. So ist es für den Kreis keine Beraubung, dass er nicht viereckicht oder für das Viereck, dass es nicht rund ist, sondern eben in den Rund- und in dem Viereckichtseyn besteht die Perfection beyder.

221. Gott, heisst es in einer alten Schrift, hat den Menschen aufrichtig geschaffen, aber sie suchen viel Künste.[16] So ist auch jedes Ding aufrichtig in seiner Art, keines nach einem Allgemeinbegriff geschaffen, keines einem andern wahrhaft vergleichbar (der | eigentliche Sinn des Principii indiscernibilium[17]), sondern eine eigne Welt.

222. Kannst du, (so redete ich schon einmal), die Formen der Natur auf Linien bringen und erinnert nicht jede deinen reflectirenden und vergleichenden Verstand an ihre Absolutheit? Kannst du dem Stein gebieten, sich in den Punkt zu stellen, wo er in deiner Verstandesordnung liegt, oder der Pflanze, da zu blühen wo du sie hinreihest, oder überhaupt den Wesen, sich zu sondern, wie du sie sonderst, und liegt nicht vielmehr Alles in einer göttlichen Verwirrung vor dir? Drängt sich nicht alles in Eins und lebt friedlich zusammen, jedes freudig in seiner Art, was in deiner Trennung sich himmelweit flieht? Das macht, dass jedes für sich ein Ganzes und eben dadurch mit allem Andern Eins ist. *)

*) Neue Zeitschrift für speculat. Physik, 2tes Heft, S. 16.[18]

223. Ja das Einzelste selbst ist, durch seine Existenz, gerade weil es dies ist, der unmittelbarste Wiederschein Gottes und der Totalität, weil es am wenigsten aus sich selbst seyn kann, und sein Leben am meisten am Leben des All hängt.

224. Die Mannichfaltigkeit der Schöpfung, hauptsächlich wie sie sich im Menschengeschlecht geoffenbart hat, unter eine Formel zwingen zu wollen ist der grösstmögliche Wahn, aus dem statt der Heiterkeit und Ruhe der Betrachtung nur Unlust und eitle Mühe, wie bey unsern eingebildeten Welterziehern und Weltverbesserern entsteht, oder in verwirrter Verstandesphilosophie die Anklage des Schöpfers, dessen unend|liche Fülle sich in allen Graden der Perfection, ohne Einschränkung

in irgend einem, dargestellt hat, weil in jedem für sich die Unendlichkeit ist.

225. Nichts, überall nichts, ist daher an sich unvollkommen, sondern Alles was ist gehört, in wiefern es ist, zum Seyn der unendlichen Substanz, zu deren Natur es allein gehört, dass sie *sey*. Diess ist die Heiligkeit aller Dinge. Das Kleinste ist heilig wie das Grösste, sowohl durch die innre Unendlichkeit, als dadurch, dass es seinem ewigen Grund und Seyn im All nach nicht vernichtet werden könnte, ohne dass das unendliche Ganze selbst vernichtet würde. |

Allgemeine Anmerkung die Lehre vom Verhältniss des Endlichen zum Unendlichen betreffend.

In den vorhergehenden Sätzen glauben wir den Hauptinhalt der allgemeinen Vernunftwissenschaft oder der Lehre vom All begriffen zu haben.

Wichtiger kann wohl keine Untersuchung gedacht werden, als die über das Verhältniss der endlichen Existenz zum Unendlichen oder zu Gott. Giebt es auf diese Frage keine durchaus klare und bestimmte Antwort in der Vernunft, so ist das Philosophiren selbst eitel, die Vernunfterkenntniss durchaus unbefriedigend und unbefriedigt.

Die Vernunftansicht jenes Verhältnisses, wie wir sie im Vorhergehenden entwickelt haben, kommt, wie leicht zu sehen ist, auf folgende Wahrheiten zurück.

Gott, als sich selbst bejahend, bejaht in allen Wesenheiten des All, und in jeder derselben insbesondre, nur das Relationslose und Ewige.

Die Endlichkeit besteht nur in den Relationen der Wesenheiten auf einander, die Gott ihnen nicht geben, nicht positiv in ihnen bejahen, aber auch nicht nehmen (wenn schon als nichtig in Bezug auf sich selbst setzen) kann. Nicht nehmen, weil er sie sonst | zu einem reinen absoluten All machen müsste, wie er selbst ist.

Die Endlichkeit ist daher von Ewigkeit mit und bey dem Unendlichen, nämlich mit den Wesenheiten des All, ohne wahren Ursprung, (da sie kein eigentliches Seyn ist) und ohne positive Folge aus Gott; sondern, wie der Schatten mit dem Körper zugleich ist ohne doch etwas Wesentliches zu seyn.

Das Leben, welches die Wesenheiten des All relativ auf einander haben, ist entgegengesetzt ihrem Leben in Gott, worin jede als eine freye, selbst unendliche ist; es ist in sofern ihr von Gott abgefallnes und abgetrenntes Leben.

Nur in diesem von Gott abstrahirten Daseyn der Dinge ist eine Zeit: bezogen auf Gott aber sind die Wesenheiten der Dinge an sich selbst ewig und mit diesen sind auch die unendlichen, möglichen Relationen derselben auf einander zumal, gleichfalls zeitlos, gesetzt.

(Zum Beyspiel: dein wirkliches oder gegenwärtiges Leben als Mensch ist allerdings nur dein Leben in und unter Relationen und in so fern bloss die *Erscheinung* deines wahren und ewigen Lebens. Aber nicht nur ist dein Wesen oder deine Idea und zwar *als* deine (weil Gott nicht so arm ist, dass er nach Allgemeinbegriffen schaffte) eine ewige Wahrheit in Gott, sondern auch die Relation selbst, durch welche du wirklich bist, ist (obgleich nichts an sich, nichts Positives, weil sie nur Relation ist) doch mit der We | senheit zugleich, also auf ewige Weise, zeitlos in Gott).

Das Endliche *kann* nicht getrennt von dem Unendlichen seyn, weil es an sich nichts seyn würde, da es nur auf Relationen beruht, diese aber nichts seyn könnten, ohne das, wovon sie es sind.

Wird das Endliche abstrahirt gedacht vom Unendlichen: so verlangt es seinen eignen Ursprung und wirkliches Daseyn, und *die blosse Relation selbst muss dann zu etwas Realem und Wirklichem gemacht werden.*

Dagegen als gleich ewig mit dem Unendlichen gesetzt ist die Endlichkeit, eben desshalb, auch als nichtig gesetzt. –

Wie alle wahre Philosophie jederzeit über diese Punkte in Uebereinstimmung war, so dagegen alle falschen Ansichten darin, dass sie das Endliche von dem Unendlichen trennten, und dass sie ihm eben desshalb, da es an sich bloss Relation ist, also nicht von sich selbst seyn kann, sondern nur in wiefern das Unendliche ist, einen, von diesem unabhängigen *Ursprung* geben mussten.

Mit Uebergehung jener durchaus vernunftlosen Vorstellungsarten, welche einen Anfang des Endlichen in der Zeit, oder auch eine Dauer desselben von endloser Zeit, (denn beyde Vorstellungsarten sind sich ganz gleich), annehmen, wollen wir von den ältern Ueberlieferungen nur die Emanationslehre erwähnen.

Wir haben zwar dieser auch sonst schon vor an|dern Vorstellungsarten den Vorzug eingeräumt, dass Gott in derselben wenigstens als ruhiger Grund der Dinge angenommen werden kann, und die Thätigkeit oder Handlung vielmehr in das Emanirende als in das, woraus es emanirt, gelegt wird. »Das Ueberfliessende, sagt sie, fliesst über, nicht kraft einer Wirkung desjenigen, aus dem es überfliesst, sondern durch seine eigne Schwere. Es reisst sich los und wird nicht abgestossen. Dasjenige, aus welchem es überfliesst, wird dadurch, relativ auf sich selbst, in seiner Fülle nicht vermindert, die unendliche Realität aber kann durch ihr Ueberfliessen in die Welt, weil sie unendlich ist, überall nicht vermindert werden.«

Allein mit den übrigen falschen Ansichten hat auch diese die Betrachtung des Endlichen in der Trennung vom Unendlichen gemein. Gott ist ihr nicht ein in sich selbst geschlossnes, alle Relationen in sich aufhebendes und durch seine Ewigkeit auslöschendes All, sondern ein durch successive Generationen sich propagirendes Urwesen, das in den äussersten Ausflüssen sich in die Privation der Vollkommenheit, die Materie verliert.

Das Wesen der Endlichkeit ist, schlechterdings nicht aus sich selbst und an sich selbst seyn zu können, (weil es eine Relation ist). Wird daher das Endliche überhaupt getrennt betrachtet von dem, an dem und mit welchem es allein seyn kann; so ist es gewissermassen richtiger, auch alle Stetigkeit zwischen ihm und zwischen dem Unendlichen aufzuhe|ben, welche in der Emanationslehre wenigstens noch gesucht wird.

Ist die Endlichkeit nicht blosse Relation (die einzige Art wie sie mit dem Wesen oder dem Unendlichen zugleich seyn kann): so muss sie dann vollends hypostasirt werden, in einem eignen Wesen, einer Materie, die von Gott nicht erschaffen, die aber doch auch nicht geworden seyn kann, da sie allem Werden zu Grunde liegt: welche ferner als der Einheit Gottes entgegengesetzt ihrer Natur nach Nicht-identität und der Regelmässigkeit und Harmonie widerstrebend ist.

Nach der gewöhnlichen Darstellung dieser Ansicht verhält sich Gott nur als der Architect der Welt. Allein die Regel, der Begriff eines Dings ist ihm nicht bloss äusserlich aufgedrückt, sondern innerlich eingebohren und mit dem Stoff in ihm gänzlich verschmolzen.

Indess möchte behauptet werden können, dass bey den meisten der Alten diese Vorstellung einen ganz andern und tiefern Sinn hat, als man in der bisherigen Auslegung geahnet.

Was sie von einer unerschaffnen Materie (materia increata) sagen, möchte nämlich wohl, nicht eine von Gott unabhängige, *wirklich existirende* Materie bedeuten, sondern diesen Sinn haben: Aus Gott folgt: und ist nur die Realität, die Vollkommenheit der Dinge; was daher an ihnen Position, Wesenheit ist, ist das Gotterschaffne an ihnen; was dagegen nicht | Vollkommenheit ist, ist an ihnen materia *increata*, ist das von Gott Unerschaffne, das Nichtige.

Insbesondre was die gewöhnliche Darstellung der Platonischen Lehre über diesen Punkt betrifft, welcher zufolge auch Plato jene von Gott unabhängige Materie als wirklich vorausgesetzt, die erst durch den göttlichen Verstand zur Ordnung und Harmonie des sichtbaren Universum gebracht worden, so ist unbegreiflich, wie sich diese Darstellung bis auf die neuesten Zeiten hat erhalten können.

Nach dem innern Zusammenhang der ganzen Platonischen Denkart sowohl, als nach unzweifelhaften Aeusserungen seiner Werke, die seine wahre Ansicht der Endlichkeit nicht verkennen lassen, muss, was in andern von dem ewigen Daseyn der Materie geäussert wird, zum Theil nach der angegebnen Auslegung gedeutet, zum Theil auf die kühne Bildlichkeit seiner Darstellungsweise gerechnet werden.

In den dogmatischen Ansichten, nach welchen, als den herrschenden, auch das platonische Wort ausgelegt wurde, zeigte sich indess das Bedürfniss eines Stoffs so unüberwindlich, dass, wie Spinoza bemerkt, auch die Schöpfung aus Nichts in denselben nur eine Verhüllung jener Voraussetzung ist, indem das Nichts selbst der Imagination wieder als eine Art von Substrat oder Stoff dienen muss.[19]

Hieher gehört auch der, obgleich nur als Parodie gemeynte Versuch eines nicht unbekannten Mannes, der unsre Lehre, dass das Endliche an sich selbst nichts sey, und in seinem Seyn nur Wiederschein des | Absoluten, so ausdrücken zu können meynte: »der Abglanz des Absoluten, indem er sich an dem *Nichts* breche, gestalte es in Erscheinungen und veranlasse dadurch die Entstehung einer unendlichen Vielheit scheinbarer Realitäten.« *)[20] |

*) Die Rede ist von den schon einmal erwähnten *Aphorismen über das Absolute*, deren Scherz der Herausgeber der Zeitschrift, in welcher sie erschienen, vollkommen Recht hat, für das Beste zu halten, das jene noch ans Licht gefördert und für weit vorzüglicher, als die Langweiligkeit seiner eignen Abhandlungen und der der übrigen würdigen Mitarbeiter. Ich glaube dem Verfasser der Aphorismen hiemit meinen öffentlichen Dank abstatten zu müssen, theils, weil es an sich angenehm ist, das ungebildete Geschrey der deutschen Polemik durch einen Ton von Geist und Laune unterbrochen zu sehen, theils weil er Veranlassung gegeben, dass ein rüstiger Bücherschreiber in diesem Lande seinen Mangel an philosophischer Beurtheilungskraft auch für die Nichtkenner handgreiflich gezeigt hat, indem derselbe in ein Buch, welches ganz mit mönchischer Polemik, nicht gegen meine Lehre, sondern gegen das, was er dafür hält oder so nennt, angefüllt ist, die Parodie derselben, (welche sie zu einer Art des Manichäismus macht,) als eine neue, vortreffliche, Lehre und Vorstellungsart gläubig aufgenommen hat. – Da es nach den Worten des bekannten Schulplans, welcher jenes Product als Lehrbuch in allen Schulen, mit ausdrücklichem Verbot des Gebrauchs anderer, vorgeschrieben hat, vorzüglich auf einen *Sieg* über den jetzt so imponirenden Mysticismus und Dogmatismus angesehen ist: so wird also dieser Sieg darin bestehen müssen, dass die einheimische Jugend auf Lyceen zwar meine Lehre zu verabscheuen, dagegen aber die scherzhafte Parodie derselben, nicht *als* Parodie, sondern als höchsten Ernst, als erhabne Wahrheit, aufzunehmen und sich einzuprägen wird angehalten werden. – Der Mann hat sich in öffentlichen Blättern damit entschuldigt, dass, da die inländische Jugend, trotz seines Entgegenarbeitens, so sehr von Fanatismus ergriffen sey, *er*, als Lehrer, doch auch *ein wenig fanatisch* hätte seyn und sprechen müssen, (wahrscheinlich um noch Eingang zu

Der Unterschied des Parodirenden von dem, welches parodirt werden sollte, braucht nicht weiter gezeigt zu werden. Das, was nicht an sich selbst und insofern nichts ist, das eigentliche auch Platonische *Mη ον*, ist nur die Relation selbst und mittelbar das, was in Relation ist, *sofern es in Relation ist*. Aber, dieses Nichts aller Relation ist nichts ausser dem All, sondern *selbst das All*. Das All setzt die mit den Wesenheiten gleich ewigen Relationen derselben ewig als Nichts, und ist in sofern das Nichts aller besondern Dinge, als Dinge, da es im Gegentheil die Position der ewigen Wesenheiten ist. Daher ein andrer, welcher die Lehre vom Absoluten, als die Lehre des absoluten Nichts darstellte,[21] es besser traf als er wohl selbst dachte. Sie ist allerdings die Lehre vom absoluten Nichts der Dinge, als endlich existirender, | welche ihm vielleicht als die vornehmste Realität erscheinen.

In einigen orientalischen Religionssystemen (dem Persischen z. B.) hatte sich der uralte Keim ächter Lehre, realistisch verwandelt, zu einem solchen Dualismus ausgebildet, in welchem dem allein-realen (dem guten) Grundwesen, ein zweytes, welches blosse Privation, blosses Nichts der Qualität nach (blosse Finsterniss) seyn sollte, entgegengesetzt wurde, und in welchem daher die wirklichen Dinge als Mischungen beyder Principien betrachtet wurden.

Allein das Nichts in den Dingen ist nicht ein blosses Nichts der Qualität, sondern ein Nichts *der Existenz nach* und kann dem All oder dem Absoluten auf keine Weise entgegengesetzt werden, da es nicht eine ihm entgegengesetzte Existenz, sondern überall keine Existenz hat.

In den neuern Zeiten, da die Ordnung der Philosophie gänzlich verkehrt war und man nicht von Gott zu den Dingen, sondern von den Dingen zu Gott gelangen wollte, konnte jene Frage kaum mehr in ihrem wahrhaft speculativen Sinn aufgeworfen werden. Nur in veränderter Form kehrte sie in der auf

finden). Wahrlich ein sehr empfehlungswerthes Accommodationssystem und wohl accommodirende Hände, in denen sich die Erziehung befindet.

die Vollkommenheit Gottes gegründeten praktischen Philosophie, als Frage nach dem Ursprung des Uebels und des moralischen Bösen, zurück.

Wenn Gott Urheber der Sinnenwelt ist (und diess wurde als entschiedne Wahrheit vorausgesetzt), wo|her das Uebel und das Böse? Entweder ist es auch durch Gott hervorgebracht, so wird er dadurch selbst zum Urheber der Unvollkommenheit; oder es ist nicht durch ihn hervorgebracht, woher alsdann seine unläugbare Wirklichkeit?

Diese Frage leitete gewissermassen einen Rechtshandel zwischen Gott und der Vernunft ein, wovon die Acten und das Endurtheil, (wie ein geistreicher Schriftsteller sich ausdrückt),[22] in der Leibnitzischen Theodicee enthalten ist.

Es ist wohl kaum zu läugnen, dass Leibnitz ein ziemlich klares Bewusstseyn hatte über die einzige auf jene Frage mögliche Antwort; auch hat er sie in einzelnen Aeusserungen zum Theil wirklich ausgesprochen: sie nicht mit consequenter Klarheit durchgeführt zu zeigen, mochte der weise Mann in seinem Zeitalter Gründe genug finden.

Leibnitz setzt also zwar das Uebel in eine blosse Privation des Wesens, aber ohne die Privation selbst wieder als etwas Nichtiges und in die blosse Relation zu setzen: während die Wirkung Gottes nach ihm bloss auf das geht, was an den Dingen Positives ist*)[23]. | Er beruft sich auf die Scholastiker, welche bereits gelehrt haben: die Ursache des Uebels (also auch der Endlichkeit überhaupt) sey nicht eine causa efficiens, sondern deficiens. Er sucht die Sache durch das Beyspiel der damals von *Kepler* geltend gemachten natürlichen Trägheit der Körper zu erläutern.[24] Setzen wir, sagt er, mehrere gleiche Schiffe, die nur ungleich belastet, einen und denselben Fluss hinuntertreiben. Alles übrige

*) Malum est privatio entis, cum contra actio Dei ad aliquid positivum pertingat. *Theod.* Opp. Tom. I. P. I. p. 141. – Actio Dei producit et conservat, quicquid in creaturis est positivi et largitur iis perfectionem, essentiam et virtutem etc. ibid. p. 142.

gleichgesetzt werden die schwerer beladnen Schiffe langsamer abwärts gehen, als die andern. Die Ursache dieser Retardation ist nun keinesweges die Schwere, da die Schiffe ja allerdings abwärts, nicht hinaufwärts gehen. Die Schwere oder die Gewalt des Stromes ist also bloss Ursache der Bewegung dieser Schiffe, nicht aber der Langsamkeit, oder der Limitation dieser Bewegung; denn sie verhält sich zu allen gleich; der Grund der letzten kann also nur in den Schiffen selbst, nämlich in der angebohrnen Trägheit der Materie liegen, welche das Beyspiel einer ursprünglichen Privation der Dinge ist. – So ertheilt Gott den Dingen alles, was an ihnen Wesenheit, Perfection, oder Kraft ist; der Grund ihrer Unvollkommenheiten beruht auf einem natürlichen Mangel, einem blossen Defecte, der nichts Positives in sich schliesst.

Wir überlassen dem Leser selbst, sich hieraus die angemessene Erläuterung auch für unsre Ansicht zu nehmen, und bemerken bloss, dass dem durchdrin|genden Geiste Leibnitzens die Folgerung unmöglich entgehen konnte, dass, wenn alles, was die endlichen Dinge als solche von Gott unterscheidet, in einem reinen Mangel, in nichts Positivem besteht, das Reelle oder die Substanz in allen Dingen nur Eine, nämlich Gott seyn muss, wodurch denn der bekannte Ausspruch Leibnitzens: »*Wären keine Monaden, so hätte Spinoza Recht*«[25], auf seinen eigentlichen Werth zurückgeführt wird.

Dass im Kriticismus diese Untersuchung, welche eigentlich das Centrum der Philosophie ausmacht, völlig verschwand, ist eben so begreiflich, als es consequent ist, dass die Barbaren in der Philosophie jene Frage vom Verhältniss des Endlichen zu Gott, für eine unbeantwortliche erklären,[26] und in der Ordnung, wenn die Darstellung des endlichen Daseyns, als eines von Gott abgefallnen und getrennten Lebens, denjenigen am seltsamsten dünkt, welche an ihrer, ganz in Relationen versunkenen, Existenz, die unmittelbarste Erfahrung machen könnten, dass die einzige und eigentliche Sünde eben die Existenz selbst ist.

Das Seyn der Dinge in Gott ist, (wie in den voranstehenden Sätzen hinlänglich bewiesen ist), ihr Nicht-Seyn in Relation auf einander; so wie dann im Gegentheil ihr Seyn in Relation auf einander nothwendig ihr Nicht-in Gott-Seyn oder ihr Nicht-Seyn | in Ansehung Gottes involvirt. Die weitere Ausführung und die sinnbildliche Darstellung dieser Ansicht gehört der Religionslehre an: sie *dem* Theil des Zeitalters weiter zu deuten, der sie bey ihrer ersten Darstellung*) nicht begriffen hat, fühle ich keinen Beruf. Ihr Sinn mag ruhen, bis er von selbst sich aufthut.

Uebrigens wollen wir, zur Erläuterung der Unverständlichkeit, welche wechselseitig statt hat zwischen dem, der die Ursprunglosigkeit des Endlichen erkennt und dem, welcher einen realen Ursprung desselben zu erkennen meynt, mit der Erklärung schliessen, welche Plato von dem Unterschiede des Philosophen und Sophisten giebt.**)[27]

»Eine andre ist die Schwerverständlichkeit des Sophisten, eine andre die des Philosophen.«[28]

»Jener in die Dunkelheit des *Nichtseyenden* (*τοῦ μὴ ὄντος*) entfliehend, und durch langen Umgang derselben gewöhnt, ist wegen dem Dunkeln des Orts schwer zu erkennen.«

»Der Philosoph aber, der Idea des *Seyenden* | (*τοῦ ὄντος*) durch Vernunftbetrachtung stets genähert, ist wegen des Glanzvollen jener Gegend keineswegs leicht zu sehen. Denn auf das Göttliche hinblickend Stand zu halten, sind die Seelenaugen der Menge unvermögend.«

*) In der Schrift; Philosophie und Religion. Tübingen. 1804.

**) In dem Gespräch, das diese Ueberschrift trägt, S. 175. des 2ten Theils der Zweybrücker Ausgabe.

Aphorismen über die Naturphilosophie von Schelling.

Der Naturphilosophie Erster oder Allgemeiner Theil.

A) *Von dem Wesen der Natur, der Wirklichkeit der Dinge; der Materie, und der Bewegung.*

I. Das blosse Daseyn, ohne Rücksicht auf die Art und Form desselben, müsste jedem, der es so erblickte, als ein Wunder erscheinen und das Gemüth mit Staunen füllen: wie es unläugbar diese Bemerkung des reinen Daseyns war, die, in den frühesten Ahndungen, die Gemüther mit Entsetzen und einer Art von heiligem Schrecken überfiel.

II. In allem einzelnen Wirklichen ist eben die Existenz selbst das Grundlose, Unendliche, allein aus sich selbst Fassliche: wer aber könnte ohne tiefe Bewegung, im Grossen und Ganzen der Welt, jenen ewig regen, lebensschwangern Strom anschauen, der | jedes Ufer überschwillt, jede augenblickliche Fassung durchbricht, allerdings um sich wieder zu fassen, aber in keiner zu verweilen oder gefesselt zu werden!

III. Die Stätte der Einzelheit dagegen ist die ewige Nacht, als des an und für sich Unoffenbaren: es ist nicht möglich zu sagen, dass sie geworden, aber eben so wenig, dass sie je an sich selbst gewesen. Sie ist nur an und mit dem Unendlichen, und weder etwas das vor, noch das nach ihm seyn könnte; weder etwas Greifliches, noch auch etwas wahrhaft Reelles, sondern lediglich eine Fassung oder Imagination, welche ohne das, so sich in ihr fasst, niemals erscheinen könnte.

IV. Auch wirst du weder von irgend einem einzelnen Daseyn, noch von der Existenz so zahllos und unmesslich vieler

Dinge, (davon der Pöbel einen grossen Theil gleichsam gering achtet und unwürdig dieser Gemeinschaft des Daseyns), ein wahres Ziel oder einigen Zweck erkennen, als eben den, dass sie seyen.

V. Niemals also, bey dieser Wesenlosigkeit und Leerheit der Einzelheit für sich, und der Unbedingtheit und Unendlichkeit der Existenz, würdest du zu einem andern Grund dieses seltsamen Schauspiels gelangen, als dem, dass jenes unbekannte Wesen, das uns mit der Idee der Existenz erfüllt, eine reine, nothwendige, aber auf keine Weise von aussen bestimmte Lust ist, sich selbst in sich selbst auf unendliche Weise zu offenbaren. |

VI. Nicht Wahl, noch Willkühr dürftest du hier vermuthen, sondern nur die schöne Nothwendigkeit einer sich selbst, ohne Reflexion, und unendlich liebenden Natur. Unendlich: denn von aller Endlichkeit giebt es einen Grund; ein solcher aber wäre weder in jener Natur, denn sie ist nur Eins mit sich selbst und kein Gedoppeltes; noch ausser ihr, denn sie selbst ist alles Seyn.

VII. Da sie also nichts wäre, die Substanz, (denn so dürfen wir bezeichnen, was die Existenz selbst ist), als diese reine Lust des Bejahens, ohne Wahl, Unterscheidung, weiteren Grund oder Bestimmung, als dass sie es auf unendliche Weise sey: so wäre auch keine Form, Art noch Grad der Realität von ihr ausgeschlossen, sondern sie selbst, nach der Nothwendigkeit ihres Wesens, wäre alle jene Formen oder Conceptionen selbst, aus keinem andern Grund, als damit sie dieselbe sey und auf unendliche Weise sich selbst in sich selbst habe und bejahe. Denn alle Existenz ist nur Selbstoffenbarung einer wesentlichen Natur. (II.)

VIII. Dennoch wärest du auch damit noch zu keiner Wahrnehmung und wirklichen Erkenntniss des Einzelnen gelangt. Denn dass die Dinge existiren, sagtest du, nur inwiefern das Ewige seine Selbstoffenbarung ist in ihnen. Sie selbst, als sie selbst, sind daher nicht; sie haben oder sind wohl ein Leben, aber nur ein Leben des Unendlichen; denn das Seyn des Einen überwältigt ihr eignes Seyn. |

IX. Wie du die klare Luft nicht sehen magst, so wenig bey der Abwesenheit als bey der Gegenwart des Lichtes: so die Dinge weder ohne noch auch mit der Substanz. Nicht ohne sie, denn so entfliehn sie in die Nacht; nicht mit ihr, denn so durchscheinet sie das Eine.

X. Noch immer also erkennen wir nichts, denn die masslose Unendlichkeit: denn auch die Substanz, indem sie alle Formen ist, wird doch selbst nicht vielfach, sondern bleibt als dieselbe bestehen. Sie geht kein reales Verhältniss mit jenen ein, als solchen, die *Nichts* wären, ohne sie. Auch wird sie in keiner derselben begränzt oder von einer gefesselt, sondern bleibt stets frey, dem Einzelnen unfasslich und unbegreiflich, wie das Gemüth wohl alle seine Gedanken, der einzelne Gedanke nicht aber hinwiederum das Gemüth begreifen kann.

XI. Wo also findet sich ein Mass dieser formlosen Unendlichkeit oder eine wahre Stätte des wirklichen Daseyns? Alle Einzelheit ist etwas durchaus Endliches, die Existenz aber, gleichviel wovon sie es sey, an sich selbst unendlich, daher sie von keiner einzelnen Form je wahrhaft gefasst oder gehalten werden kann.

XII. Nur *Dasselbe*, welches *alle Dinge* ist, kann durch die Einheit seines Wesens auch das *Mass* der Existenz seyn. Denn da es, alle Formen seyend, doch als dasselbe besteht und nur Eines ist (X.): so ist es eben so ursprünglich und ewig, als es die Allheit der Dinge ist, auch die Einheit alles Daseyns. |

XIII. Die Unendlichkeit der Dinge, wenn gleich für sich unermesslich, gehört doch *als solche* nur zu *Einem* Wesen, dessen Natur es ist, alle Dinge zu seyn, und in dessen Einheit sie daher nothwendig sich durchdringen und selbst eins werden. Das Ewige ist keines derselben allein oder insbesondre, sondern zugleich alle und ein jedes, so dass das Einzelne und das Ganze zumal und gleicherweise ist in seiner göttlichen Einbildung.

XIV. So also wird die Unendlichkeit des Daseyns gemässigt durch die Einheit des Wesens, zu dem es gehört, und jener im Einzelnen uferlose Strom hat sein ewiges Beet gefunden, welches doch keine besondre Form, sondern nur die Einheit des unendlichen und alles seyenden Wesens selbst ist.

XV. Wie in den Sagen dichterischer Vorwelt nach der Gewalt des Chaos und nachdem das Formlose, Ungeheure verdrungen ist, das milde Reich seliger und bleibender Götter beginnt: so mag die Betrachtung Klarheit, Einklang und Bestand der Dinge schauen, nur nachdem sie in der Unendlichkeit des Daseyns auch die Einheit des ewigen Erzeugers erkannt hat. Denn dieser, welcher die Dinge emporhebt aus dem, das nicht ist, durch die wesentliche Kraft seines Schaffens, verklärt sie zugleich in sich selbst, als zu seinem Daseyn gehörende, und nimmt sie in die Einheit seines Lebens auf.

XVI. Hast du daher die Fülle der Existenz gesehen, wie sie für sich selbst ohne Mass und Ziel ist, so erkenne nun auch das innre und göttliche Band | der Dinge, und wie sie durch die Einheit des Wesens, zu dem sie gehören, unter sich Eins werden.

XVII. Alles, das blinde, ungebändigt nach aussen hin wirkende Kraft ist, kommt, mit Plato zu reden, von der alten Natur,[29] d.h. von der bloss äussern und unempfindlichen Natur, inwiefern sie allein die Geburt der Dinge ist, darinn sie auch das bloss äussre Leben (VIII.) haben.

XVIII. Alles dagegen, das Mass und ein innerlich Ziel, Verständniss oder Uebereinstimmen der Dinge verkündiget, deutet auf die göttliche Einigung und die Einbildung der Dinge in das Centrum der Substanz, dadurch sie das ewige Daseyn in sich selbst empfinden.

XIX. Kraft der Unendlichkeit der Substanz haben die Dinge auch unter sich die blosse Verknüpfung der Existenz, d.h. die bloss äusserliche Verknüpfung, denn das Leben ist nicht *ihr* Leben, sondern nur der Substanz. (VIII.)

XX. Vermöge der Einheit der Substanz aber haben sie nicht allein ein natürliches Band, d.h. ein Band der Geburt, wie das erste ist, sondern ein göttliches der innern Wahrheit und Affirmation ihrer Existenz. (Vergl. die Einleitung 195.)

XXI. Alle Verhältnisse bloss äusserlicher Beziehung durch Raum, Zeit, Berührung u. s. w. sind nur ein Schatten jener ewigen Verkettung und wechselseitigen Gegenwart aller Dinge in dem ewig-Einen und unendlich-Vollen. |

XXII. Unfasslich erscheint diese Harmonie jenen, welche selbst bloss in der Ausschliessung leben und betrachten. Wenn aber Erscheinungen der Natur und ihres eignen Lebens sie an eine göttliche Verknüpfung der Dinge erinnern und dass Raum und Zeit nicht das einzige, noch das erste und vornehmste Band sind, dadurch sie vereinigt werden, strafen sie die Natur ins Angesicht Lügen, weil sie ihre Wunder nicht begreifen und wegen ihres Blödsinns das wahre Wesen nicht erkennen. *)[30]

XXIII. Ist nun die Substanz als die Einheit in der Unendlichkeit das Wesen der äussern Natur (170), so werden wir dieselbe als die Einigung und Verkettung aller Dinge mit Recht als das Gemüth oder Innre der ewigen Natur betrachten.

XXIV. Wie die Sonne frey im Firmament steht, alles bindend und einigend in des klaren Lichtes Kraft: so steht das Gemüth der ewigen Natur in der Verkettung selbst als die Einheit, und gleichsam als die gött|liche Einbildungskraft derselben, frey und unverbunden, als der Quellpunkt alles empfindlichen Daseyns, welcher auch in der sichtbaren Natur als das Herz schlägt, und, alles bewegend und umtreibend in ihrem heiligen Leib, jede Regung verursacht und die Innigkeit aller Erzeugnisse.

*) Wie wenig die Philosophie neuerer Zeit von dieser göttlichen Einheit der Dinge erfüllt gewesen, zeigt ausser vielem andern die Wichtigkeit, die man auf die Unterscheidung analytischer und synthetischer Erkenntnisse legte, gleich als wären diese die beyden letzten Zweige, in die sich alle Wissenschaft verlöre. Die Nichtigkeit dieser Unterscheidung in Bezug auf die wahre, nämlich auf die Vernunfterkenntniss, muss aber jedem aus der am Ende dieser Aphorismen beygefügten Anmerkung (welche wir gleich bey dieser Stelle zu lesen bitten) einleuchtend werden.

XXV. Eben so ist die *schaffende Natur* (*Natura Naturans*), d.h. (90) diejenige, welche die Unendlichkeit und die Einheit, die Expansion und lebendige Contraction aller Dinge in sich selber, auf die gleiche Weise, ist, selbst ausser aller Verknüpfung und in ewiger Freyheit.

XXVI. Selbst aber frey und unendlich, ist sie, *unmittelbar*, durch die unmessliche Bejahung und die Aufnahme aller Dinge in die Einheit ihres Wesens, selbst die Gesammtheit der Dinge, wie ein organisches Wesen alle seine Theile ist und mit denselben nur Ein unzertrennliches Ganze ausmacht. Die Dinge selbst aber, welche die schaffende Natur ist, sind *als* solche, welche sie *ist*, die *erschaffene* und *verkettete Natur*. (*Natura Naturata*.)

XXVII. Die Substanz *ist* alle Dinge; nun aber, nach der göttlichen Temperatur (XIII.), welche darauf beruht, dass sie alle nur zu Einer Substanz gehören, und das Seyn aller gemässigt ist durch das Seyn eines jeden und hinwiederum das Seyn eines jeden durch das Seyn aller; nach dieser Mässigung also *ist* die Substanz jedes Ding, aber keines allein oder ausschliesslich, keines also auch schlechthin, sondern ein jedes relativ auf *sich selbst*, sofern sie | auch andre Dinge ist, welche sie eben so nur relativ auf sich selbst als die Wesenheit ander Dinge seyn kann, deren Position sie wiederum nur auf die nämliche Weise ist ..... Diese Reihe selbst aber geht *in's Unendliche*, so dass dann alle diese Dinge (oder Positionen der Dinge), *zumal genommen, wie sie in der That zumal vorhanden s i n d*, der schaffenden Substanz gleich und sie selbst sind, nur in der Fülle ihres Seyns betrachtet.

XXVIII. Da auf diese Art die Substanz jedes einzelne Ding nur relativ auf *sich selbst*, als die Wesenheit eines anderen Dings, und dieses wiederum nur relativ auf *sich selbst*, als seyend ein Anderes, ist, und so ins Unendliche fort nur *in sich selbst* bleibt, und auf keine Weise aus sich herausgeht; sie selbst aber *ewig* und daher, *indem* sie das bestimmte einzelne Ding ist, *zumal* auch alle andern Dinge ist: so löst sich für sie das Leben der geschaffenen Dinge (XXVI.) unmittelbar wieder in die absolute Identität *ihres* Lebens und die freye Ewigkeit auf.

XXIX. Wie die schaffende Natur im Ganzen (XXV.) die Identität, oder ewige *Copula* ist der Substanz, inwiefern sie *alle Dinge*, und der Substanz, inwiefern sie die *Einheit* aller ist: so ist dieselbe nothwendig auch im Einzelnen die absolute Identität oder *Copula* der Substanz, inwiefern sie *dieses Einzelne*, und derselben, inwiefern sie das Wesen aller Dinge, demnach *unendlich* ist. |

XXX. Alle Wirklichkeit beruht auf der untheilbaren Einheit dieser Drey in einem jeden Ding, nämlich: der schaffenden Natur; der Substanz, sofern sie unendlich, und derselben, sofern sie nach ewiger Nothwendigkeit (alles seyend) auch *dieses* Einzelne ist. Von dieser Seite läuft die Reihe allerdings ins Unendliche aus, indem jedes Einzelne ins Unendliche fort andre Einzelne voraussetzt (XXVII.). Da aber in Ansehung der Substanz schlechthin betrachtet, mit welcher das Einzelne (kraft der *Copula*) absolut verknüpft ist, jene Unendlichkeit eine *actu* vorhandene und wahrhaft wirkliche ist: so ist in der Substanz, als *Natura Naturans*, jedes Ding nur als in reiner unwandelbarer Gegenwart und auf ewige Weise.

XXXI. In jedem Ding ist daher die *Copula*, oder absolute Identität, das *Ewige*, dadurch es selbst unmittelbar in die schaffende Substanz aufgelöst ist. (98. 99.)

XXXII. Aus der Vereinigung des Masses mit der unendlichen Kraft entspringt das heitre Götterbild *Idea*; ein Empfängniss der nothwendigen Lust des reinen Bejahens, aber gesänftigt durch die Einheit aller; nicht sowohl das Ding selbst, als vielmehr das göttliche Seyn, oder die Position*) und Gegenwart dieses Dings in der ewig schaffenden Natur. |

XXXIII. Daher die *Idea* auch betrachtet werden kann als die *Copula* oder *Natura Naturans* in jedem Ding (XXXI.) **)

*) Die Position in dem Satz A = A; die eigentliche reine Bejahung ist eben die Identität selbst.

**) Zur Erläuterung erinnern wir an die früherhin gebrauchte Formel,

XXXIV. Dagegen ist das einzelne wirkliche Ding die Substanz, in wiefern sie nun wirklich das Endliche ist **), denn dass sie *zumal* unendlich ist, ist die | andre für sich bestehende Seite dieser unauflöslichen Verknüpfung (XXIX.) |

welche diese ist. Das Unendliche = A ist *als* dieses unmittelbar auch das Endliche = B; der Ausdruck dieser absoluten Identität, A = B. Von B aus läuft nun die Reihe ins Unendliche aus; die *Copula* selbst ist nicht bedingt; A kann aber nicht bestimmt = *B* seyn, ausser inwiefern es auch = C = *D* u.s.f. ins Unendliche ist. – Es kann aber auch so nicht = B, d. h. das Endliche seyn, ohne in derselben untheilbaren Bejahung auch das Unendliche, und also nicht nur die Position von B, sondern auch die Position dieser Position zu seyn. Es ist also $A^2 = (A = B) \ldots\ldots)$ da aber für A^2 die Unendlichkeit von der Seite des A = B ..... eine schlechthin gegenwärtige ist, so löst auch das einzelne Ding sich unmittelbar in die *Natura Naturans* = A^3 auf, und der vollständige Ausdruck jedes auch des einzelnen Dings, wie es in der schaffenden Natur ist, ist daher $\dfrac{A^3}{A^2 = (A = B\ldots\ldots)}$

**) Die Schwierigkeit, welche die Meisten finden, die Einheit des Unendlichen mit dem Endlichen, oder dass jenes unmittelbar dieses ist, zu denken, kommt von ihrem Misverstehen der absoluten Identität und davon her, dass sie das Seyn noch immer als etwas von der Substanz selbst verschiednes und wirklich unterscheidbares imaginiren, da es doch eben die Substanz selbst ist. In dem Satz: *A ist B*, wird in der That nichts anders ausgesagt als: A ist das *Esse* (die Wesenheit) von B, (welches insofern also für sich selbst *nicht* wäre; nun aber vermöge der Verknüpfung mit A *ist*). Eben diess ist der Sinn des Satzes: *Gott ist alle Dinge*, welcher lateinisch nicht sowohl durch *est res cunctae*, als vielmehr (*invita latinitate*) durch *est res cunctas* ausgedrückt werden müsste. (Wie die Dinge aus dem leidenden Fall in den activen erhoben werden, erhellet aus den Sätzen VIII. verglichen mit XX.) Wenn nun jemand uns entgegenhält, dass wir durch den Satz: *das Unendliche ist das Endliche; das Freye unmittelbar und als dieses das Verkettete* (XXVI.) jenes mit diesem vermischen und einen logischen Widerspruch begehen: so müssen wir ihm wieder seinen Misverstand des ersten Gesetzes aller Logik nachweisen. Es ist klar, dass A dadurch, dass es das Wesen oder *Esse* von B, d.h. B *ist*, desshalb dem blossen B selbst nicht *gleich* wird, welches jeder, so paradox es ihm scheinen mag, an dem nächsten besten Satz erproben kann. Z.B. an dem Satz: gegenwärtiger Körper *ist* roth. Offenbar ist die Qualität der rothen Farbe hier das, was für sich nicht seyn könnte, nun aber durch die Identität mit dem Subject *Körper* ist: sie ist das prädicirte. In wiefern nun das Prädicirende, der

XXXV. Wie aber die Substanz an sich selbst nicht verkettet und doch *als* solche das Verkettete ist (*Anmerk. des vorhergehenden Satzes*): so kann auch das Ganze der einzelnen Dinge nicht nach aussen verknüpft seyn, ist es gleich eben diese Dinge, und also das Verknüpfte. Vielmehr als das Ganze löst es sich unmittelbar wieder auf in die freye Natur, wie die einzelnen Theile eines organischen Wesens, als das Inbegriffne desselben, zwar alle unter sich verknüpft sind, das Ganze der Theile aber nach aussen nicht verknüpft und ungebunden ist.

XXXVI. Deshalb läuft die Verknüpfung des *Einzelnen* mit dem *Einzelnen innerhalb* der Natur, ins Unendliche zurück, in dem sie nie zu einer Verknüpfung des Ganzen selbst werden kann, das ewig frey, lediglich in sich selbst bleibt.

XXXVII. Umsonst versuchst du diesen Kreis zu durchbrechen, einen Punkt zu finden, wo du ihn anfassen möchtest, oder einen Ort des Anfangs. Alles ist in diess Ganze nur ewig aufgenommen, als in einen magischen Kreis, der wie mit Einem Schlag zumal da ist, und mit dem daher auch alles, was zu ihm selbst gehört, eben so ewig da und wahrhaft gegenwärtig seyn muss, als er selbst gegenwärtig ist. Du selbst *bist* nur in diesem Kreise und kannst daher nicht zugleich über ihn hinausgehen.

XXXVIII. Wie aber jedes Ganze jetzt in der wechselseitigen Verknüpfung aller seiner Theile, jezt in seiner Freyheit betrachtet werden kann, in der That aber immer nur dasselbe Ganze bleibt: so ist | auch die verkettete Natur von der freyen, d.h. von der schaffenden Substanz nicht das zufällige, sondern das wesentliche Complement und mit ihr eben so *zumal*, wie sie selbst mit sich zumal ist.

Körper, das *Esse* dieser Qualität ist, insofern *ist* es allerdings diese Qualität, (wie es der Satz ausspricht); aber es folgt nicht, dass der Begriff des Subjects *Körper* desshalb dem Begriff des Prädicats *Roth* (logisch) gleich werde. – So wenn wir sagen: die Substanz ist *als* diese das Endliche, als A = B, so *ist* sie allerdings dieses Endliche und in der That nichts anderes, ohne dass sie desshalb logisch der Einzelheit, (dem B) für sich, *gleich* würde.

XXXIX. Hebe die einzelnen Dinge auf, deren unendliche Bejahung und ewige In-Eins Bildung zu seyn die Natur der Substanz ist, oder denke sie je und vor irgend einer Zeit als aufgehoben, und du hebst die Substanz selbst auf, wie du den Umkreis tilgest, mit diesem den Mittelpunkt, mit beyden den Kreis selbst, wenn du die einzelnen Punkte des ersten auslöschest.

XL. Die Dinge haben daher eine ganz unmittelbare und der Idee nach ewige Wirklichkeit; der Grund jedes einzelnen Daseyns, und zwar *als* des einzelnen, liegt in der ewigen Copula, (XXIX.), kraft welcher die Substanz *als* das Unendliche auch das Endliche und *jedes* Einzelne insbesondre (XXXIV.) ist, nicht schlechthin zwar;[31] aber relativ auf andres Einzelnes, das sie ebenfalls insbesondre ist relativ auf wieder andres und so fort (weil die Unendlichkeit der Dinge in die Totalität *ewig* aufgenommen ist) ins Unendliche.

XLI. Die Substanz ist das Einzelne insbesondre, heisst: die unmessliche Kraft, damit die Substanz jedes Ding ist, tritt im Einzelnen, relativ auf das Einzelne, über, wodurch dann das erste Verhältniss der Einzelheit zur Substanz, nämlich (XVII.) das der Geburt, oder des bloss äussern Lebens wieder gegeben ist.

XLII. Da aber dieses Uebertreten der Kraft nicht absolutè, sondern nur relativ auf ein Anderes, in die|sem wieder auf ein Anderes und so fort (XL.) ins Unendliche stattfindet, alle diese Dinge aber in der schaffenden Substanz auf eine ewige Weise vorhanden und wahrhaft zumal sind: so ist klar, wie dieses Schauspiel des äussern Lebens in die Ewigkeit der Substanz auf eine zeitlose Weise aufgenommen und selbst nur *in* ihr sey.

XLIII. Aber auch in diesem Uebertreten ist die Kraft gesänftigt durch das ewige und innre Mass, dass sie die Fassung nicht überschwillt; vielmehr, durch jenes angehalten, lässt sie die Form oder Conception, die sie ist, erscheinen und es entspringt in ihr gleich als durch einen Blitz (116.) und seltsame Apparition die Begreiflichkeit und Offenbarung des leiblichen Daseyns.

XLIV. Alle Bestimmungen des Dings d.h. alle Bestimmungen der Substanz, sofern sie *dieses* Ding ist, sind keine Bestimmungen derselben schlechthin betrachtet, oder an sich selbst, sondern nur der Substanz, relativ auf sich selbst, als die Wesenheit eines andern Dings u.s.f. auch in dieser Beziehung ins Unendliche.

XLV. Als die Position *dieses* Einzelnen, d.h. bloss endlich betrachtet, mag die Substanz wohl von sich selbst, als Position eines andern Einzelnen, d.h. ebenmässig nur endlich betrachtet, verschieden und sich selbst undurchdringlich oder dunkel seyn, – (welches von der ursprünglichen Nacht (III.) der Einzelheit herrührt) – als ein Vor- oder Gegenwurf, wodurch denn aber grade Eines die Offenbarung des andern wird. |

XLVI. Allein auch jenes ist nur *abstractè* gesprochen; ein solcher Abschnitt ist in der Substanz *an sich selbst* nicht; denn *indem* sie das Einzelne ist, ist sie *zumal* auch *alle* Dinge mit unendlicher Gegenwart, und als *Natura Naturans* im Einzelnen (XXXIII.) und Ganzen absolute Identität, reinste Lauterkeit und Unmittelbarkeit.

XLVII. Klar ist hieraus, dass die Substanz keineswegs an sich selbst ausgegossen oder verbreitet ist, dass aber dem Einzelnen, wie es, *nur* relativ auf andre Einzelne, d.h. abstractè von dem Unendlichen, ist, diese andre Einzelne nicht in der Ungeschiedenheit und Klarheit des Centri, sondern allein in gegenseitiger Undurchdringlichkeit und unwesentlicher Verknüpfung (109.) offenbar und gegenwärtig seyn können.

XLVIII. Den verwundersamen Anblick des Wirklichen, insbesondre aber der Leiblichkeit hat die Wissenschaft von jeher zu begreifen gesucht. Da aber die meisten keinen Begriff von der Art hatten, wie die Einzelheit der Dinge mit der Substanz vereinigt seyn könne, war es auch unmöglich, zu begreifen, wie die Substanz diese wirklich *ist*.

XLIX. Offenbar kann dem, welches nur ist, inwiefern ein anderes es ist, keine gleiche Realität mit dem zukommen, welches ihm das Seyn ist, und es ist hier immer eine Verschiedenheit nicht des blossen Grades, sondern der Art, (*totius generis*), wie sich der Tag scheidet von der Nacht, das Seyn von dem Nichtseyn.*)[32] |

L. Da jedoch die Natur wesentlich schöpferisch ist: so ist zwar keine ihrer Conceptionen *absolutè* für sich, wohl aber in und mit allen andern, d.h. in und mit dem Ganzen, reell: da aber das Ganze ewig und unwandelbar wirklich ist, so müssen auch jene Empfängnisse auf eine gewisse ewige Weise in der Substanz seyn.

LI. So wie aber die Dinge in der *Natura Naturans* nicht auf eine physische Weise gegenwärtig sind (XXX.), sondern diese sie selbst auf eine wesentliche Weise *ist*: so kann auch ihr Verhältniss zur Substanz in der Wirklichkeit kein physisches seyn, so dass sie in ihr wären, wie ein Ding in einem andern Ding ist, in sie eindringend oder sie trennend, sondern allein wie eine Conception oder Einbildung in der Seele ist. Auch kann nicht von einem Einfallen oder Uebergehen der Formen in die Substanz die Rede seyn, sondern allein von einem Daseyn in ihr, als einer wesentlich imaginativen, auch so ohne sie zu theilen oder selbst vielfach zu machen.

LII. Ohne die Erkenntniss der Art, wie die Substanz selbst auf eine wesentliche und untheilbare Weise alle Dinge *ist*, bleibt, bey dem steten Wechsel der Formen auf der einen, und der Beständigkeit des Realen auf der andern Seite, um diese mit jenem zu reimen, nichts anderes übrig, als entweder mit einigen die Formen selbst für solche zu halten, denen nichts Wesentliches und wahrhaft Ewiges entspricht, wel|ches falsch ist (L.), oder aber das Reale selbst, dadurch sie existiren und sichtbar werden, zu einem Unwesentlichen zu machen.

LIII. Von dieser Art ist der Stoff, der nach Einiger Meynung aller Formen empfänglich, sie eben so leicht und willig auf-

*) Es ist der Unterschied, welchen Spinoza festsetzt zwischen dem, *quod in alio est, per quod etiam concipitur,* und zwischen dem, *quod in se est et per se concipitur,* (der freyen und ewigen Natur).

nimmt, als sie wieder verlässt oder aufgiebt; in höherem Sinn das *Mη Oν* der Alten, dadurch sie die Materie in das äusserste *Abstractum* aller Form, das zwar nicht völlig Nichts, aber doch dem Nichts am nächsten, der äusserste Mangel an Realität, die höchste Bedürftigkeit selbst wäre, verwandelten.

LIV. So wenig nun entweder den Formen oder der Materie alle Wahrheit fehlen kann: so offenbar zeigen hinwiederum schon die beständigen Verwandlungen der Natur, dass zwischen Substanz und Form keine Verknüpfung, wie zwischen zwey gleich realen Dingen statt findet und die Substanz durch die Wirklichkeit nirgends wahrhaft leidet oder modifizirt werden kann.

LV. Fände in der That, wie diess insgemein vorgestellt wird, eine Einprägung der Form in die Substanz statt, wie wäre es möglich, dass dasselbe Reale, das jezt z.B. die Existenz einer Pflanze ausmacht, unmittelbar darauf in eine thierische Natur überzutreten scheint, hernachmals diese verlassend in die Luft, das Wasser und die übrigen Elemente zurückzukehren, bald aber denselben Kreislauf in umgekehrter Richtung zu wiederholen, welches alles allein schon | an jeder reellen Intimität zwischen Substanz und Form Zweifel erregen müsste.

LVI. Eher möchte jemand spielend sagen, dass, weil die Substanz an sich selbst die Modification nicht annimt, zugleich aber diese für sich nicht sichtbar wäre, so wenig als die Substanz, dass eben hierdurch die Antitypie oder der Gegenwurf entstehe; gewissermassen wie Licht, (das für sich, ohne das Dunkel, auch nicht sichtbar wäre), und Schatten, neben einander gestellt, sichtbar werden und die Dichtigkeit erscheinen machen.

LVII. Die Ueberschwänglichkeit der Kraft, wie sie dennoch gehalten ist (XLIII.), stellt sich in den Dingen, so wie sie in gegenseitiger Ausschliessung (XLVII.) offenbar sind, als Ausdehnungstrieb dar, dadurch sie auch in der That ein bloss äusseres Leben in Bezug auf einander haben, oder sich gegenseitig und äusserlich offenbaren.

LVIII. Die Temperatur dieses Triebs aber, dadurch die überströmende Kraft zurückgehalten, nach innen sich ergiesst, um hier die Form, so viel möglich, aber immer auf unendliche Weise, zu erfüllen, macht die Innerlichkeit des Gebohrenen aus und ist an demselben ein Ausdruck der innern Milderung alles Seyns in der göttlichen Einheit.

LIX. Weder aber ganz äusserlich noch ganz innerlich, weder völlig offenbar, noch völlig verborgen, zwischen beyden angehalten, *steht* das Wundergebild der Materie; ein Gewächs und Inbegriff göttlicher Kräfte und das erste Ebenbild des All. |

LX. Denn wie die ewige Einheit der Substanz sich selbst in die Unendlichkeit der Dinge ausspricht, die ausgesprochnen aber eben so ewig zurücknimmt in sich selbst und ihnen das Mass ihres Wesens giebt: eben so erzeugt die Substanz als Wesen des Einzelnen einen unendlichen Widerhall von Positionen ihrer selbst, die sie aber eben so ewig wieder in sich, als der Einheit, verkettet, auf diese Weise ein All für sich, und im Einzelnen darzustellen.

LXI. Die schaffende Substanz aber, indem sie von der einen Seite die Einheit in die unergründliche Realität vertieft, von der andern eben diese Tiefe in die Einheit, welche das Licht der Dinge ist, verklärt, ohne jene doch völlig erhellen zu können, schafft, durch diese In-Eins-Bildung, als Produkt oder *Natura Naturata* die sichtbare Tiefe, und jenes Mittlere von Erhellung und Dunkelheit, die eigentliche Materie.

LXII. Auch so noch indess haben wir von der leiblichen Geburt der Dinge nur im Allgemeinen, nicht nach der Wirklichkeit gehandelt. Denn die Natur, wegen der Unendlichkeit der Empfängnisse von der einen und der Untheilbarkeit des Seyns von der andern Seite, trachtet in grossem Drang und mächtigen Trieb, Alles so viel möglich in Allem zu gebähren und zumal gedrängt darzustellen, daher kein Ding für sich in ihr wird, sondern alle als in einem göttlichen Chaos. Der harte Stein kann nicht seyn, ohne dass mit und in ihm auch Anderes ist, nicht durch Mengung oder Mischung, sondern als in einem untheilbaren Wachs|thum. Die höchsten Geburten der Natur sind aber diejenigen, in welchen sie, als in besondern Allen, wahrhaft die Fülle ihrer Schöpfungslust ausgedrückt und dargestellt hat.

LXIII. Die gänzliche Einheit und Untheilbarkeit alles Seyns wird eben durch jenen von uns beschriebnen Wechsel der Formen offenbar. Wie alle Dinge zulezt aufgelöst sind in die Existenz der Einen Substanz, zu welcher alles gehört: so nimmt das Höhere das Niedrere in sich auf, als ein zu seiner Existenz gehöriges. Erde, Luft, Wasser werden in die Pflanze, die Pflanze in das Thier, das niedrere Thier in das höhere, alles zulezt in das Gestirn, das Gestirn selbst in das All, das All in die ewige Substanz aufgenommen. Jedes Niedrere gehört also zur Existenz eines Höheren, Alles zuletzt zur Existenz des ewig Einen und unendlich-Vollen, aber eben darum wird es nicht von ihm hervorgebracht, sondern ist mit ihm *zumal*.

LXIV. Wir haben gesehen, dass das Leibliche eines Dings für sich in der That die ganze Substanz ist, (LXI.), wie sie nämlich, verschlungen in ihre Bejahungslust und gleichsam fortgerissen von derselben, ganz in die Bejahung des Einzelnen versenkt und es selbst völlig ist. Denn unendlich gilt der früher ausgesprochne Satz (XXX.): dass in jedem Wirklichen die schaffende Natur; die Substanz sofern sie unendlich, und dieselbe, sofern sie das Endliche ist, auf untheilbare Weise gegenwärtig und vereinigt seyn müssen. |

LXV. Das Leibliche seyend, ist indess die Substanz doch nur das Endliche. (XLIV.). Vermöge der absoluten Identität und ewigen Copula aber, kann sie nicht das Endliche seyn, ohne zumal und in derselben Position auch das Wesen aller Dinge zu seyn (XXIX.), denn nur so löst sich ihr selbst das Endliche in die Ewigkeit ihres Lebens auf. (XXVIII.)

LXVI. Als das Wesen aller Dinge aber ist die Substanz die innre Gegenwart, Verknüpfung und Empfindung aller als in Einem Wesen (XXI.): die Substanz kann daher, indem sie das bestimmte Endliche ist, zumal das Wesen aller Dinge seyn, nur inwiefern sie *in* jenem Endlichen selbst, die Empfindung und Verknüpfung aller Dinge ist.

LXVII. Allein dieses Endliche ist nicht alle Dinge: es ist nur *dieses*, und es existirt nicht schlechthin, sondern beziehungsweise auf andre Dinge, die als *diese* wieder nur beziehungsweise auf andre sind. Also kann auch das Wesen aller Dinge in dem Einzelnen, als solchen, nicht die Empfindung und Verknüpfung aller Dinge schlechthin, sondern nur relativ auf das Einzelne und ebendaher auch nur relativ auf diejenigen Dinge seyn, welche mit jenem und mit denen es selbst hinwiederum in nothwendiger Beziehung steht.

LXVIII. Zwar ist auch dieses nur *abstractè* gesprochen: denn die Substanz, *indem* sie dieses Einzelne ist, ist in sich selbst *zumal* alle Dinge (XXVIII.); *indem* sie also die Empfindung und Verknüpfung der Dinge in diesem Einzelnen ist, zu | gleich die Einheit und Verknüpfung aller Dinge in allen Dingen.

LXIX. Der Substanz absolut betrachtet löst sich daher, auch (*ebend.*) in dieser Beziehung, das Leben der verketteten Dinge zur unendlichen Gegenwart, und gleichsam in eine untheilbare Empfindung auf, (die eben desshalb *keine* Empfindung ist.) Nicht so aber der Substanz, inwiefern sie nun wirklich *nur* dieses, und also auch die Empfindung und Verknüpfung der Dinge nur relativ auf dieses ist.

LXX. Für diese active Verknüpfung und lebendige Einheit der Dinge in einem Einzelnen giebt es keinen andern Begriff, als den der *Seele*, welche in Wahrheit nichts andres ist, denn eine Kraft der Vergegenwärtigung des Vielen in Einem.

LXXI. In der Substanz absolut betrachtet ist die Unendlichkeit oder Existenz der Einheit oder untheilbaren Position dieser Existenz stets vollkommen adäquat, d.h. dasselbe, was sie der Einheit oder dem ewigen Gemüth nach (XXIII.) ist, dasselbe ist sie zumal auch der Existenz oder Wirklichkeit nach, und sie ist daher in dieser und jener nicht ein Gedoppeltes, sondern nur ein absolutes Eins.

LXXII. Das einzelne wirkliche Ding aber *ist* die Substanz, niemals schlechthin, sondern allein beziehungsweise auf sich selbst, sofern sie auch andre Dinge ist, die sie wiederum nicht absolutè ist (XXVII.): sie ist daher, als das Einzelne, nicht nur überhaupt, sondern auch fortwährend und in jedem Moment, ein durchaus Bestimmtes und nur *dieses;* dieselbe aber als | unendlich ist die stete und gleiche Gegenwart nicht allein aller Dinge, sondern auch des Einzelnen selbst in der Ganzheit seines Daseyns.

LXXIII. Zwischen der Substanz, inwiefern sie das Einzelne ist, d. h. zwischen dem Einzelnen selbst, und zwischen der Substanz, sofern sie das Wesen aller Dinge ist, ist daher eine nothwendige Differenz, die sich zwar für jene in ihre Absolutheit ausgleicht und in der Ewigkeit (da sie zumal *alle Dinge* ist) aufhebt (XXXII.) für das einzelne aber, d. h. für die Substanz, inwiefern sie in der That nur *dieses* ist, besteht.

LXXIV. Eben auf dieser Differenz zwischen dem Wesen (als der Einheit, oder Position aller Dinge), und dem besondern Seyn des Einzelnen beruht die abstracte Endlichkeit, welcher zufolge das Seyn desselben kein Seyn der Substanz (*Esse substantiae*), sondern ein blosses Seyn der Form oder der Beziehung ist.

LXXV. Da aber vermöge der ewigen Copula (XXIX.) und in Kraft der Einbildung Gottes in der Natur das Wesen mit der Existenz in den Dingen dennoch vereinigt ist, (indem sie in der That existiren): so sind ebendaher alle Dinge unmittelbar durch das Absolute beseelt und die *Natura Naturata* selbst als ein durchaus beseeltes Ganze gebohren.

LXXVI. Die Substanz, in ihrer Absolutheit betrachtet aber, kann nicht eigentlich beseelt genannt werden, (weil die Existenz in ihr eben so unendlich als das Wesen ist und nichts, das beseelt zu werden | bedürfte) so wenig ihr ebendesshalb im Gegentheil eine leibliche Natur zukommen kann.

LXXVII. Vielmehr ist die schaffende Substanz im Einzelnen die Copula von Seele und Leib ebenso, wie sie im Ganzen das absolute Band der Allheit und der Einheit der Dinge ist (XXIX.). Vermöge dieser ewigen Identität sind, auch im einzelnen Leben, Seele und Leib, da sie in der abstracten Betrachtung als Nicht-Eins erscheinen, an sich, d.i. in der *Idea* oder *Natura Naturans* jedes Dings (XXXIII.) betrachtet, wahrhaft nicht zwey verschiedne Wesenheiten, sondern nur der zweyfache Gedanke einer und derselben Wesenheit; oder Ein und dasselbe Wesen, jetzt von der Seite der Endlichkeit, jetzt von der der Unendlichkeit betrachtet.

LXXVIII. Die Seele eines jeden Dings ist in dem Gemüth der ewigen Natur, (XXIII.) und also in der innern, ewigen Gegenwart aller Dinge enthalten. Wird sie nun in diesem Enthaltenseyn betrachtet, so ist auch sie selbst eine Gegenwart aller Dinge. *Abstractè* aber, d.h. (LXVII.) inwiefern sie nun in der That nur die Seele *dieses* Dings, und also auch eine Verknüpfung der Dinge nur relativ auf dieses ist, ist sie auch nur in so weit und nur in so fern eine unmittelbare Empfindung der Dinge, inwieweit und inwiefern sie mit jenem Ding in unmittelbarer Beziehung stehen; alles aber das mit jenem in keinem unmittelbaren Verband steht, bleibt ihr nothwendig unsichtbar, wenn es gleich in Ansehung der schaffenden Na|tur stets auf dieselbe ewige Weise (XXXII.) gegenwärtig ist.

LXXIX. Eben daher kann sie, in dieser Art, auch nicht ein Begriff der Dinge an sich selbst, sondern nur inwiefern sie gegenseitig auf einander zurückweisen, d.h. sie kann keine Empfindung der Dinge seyn wie sie im Ewigen oder in der absoluten Identität, sondern allein wie sie in gegenseitiger Ausschliessung und unwesentlicher Verknüpfung sind, in welcher Beziehung sie dann selbst eine blosse Vorstellung von Materie ist.*)

*) Die meisten glauben wohl zu begreifen, dass eine Seele Begriffe, Vorstellungen u.s.w. hat; dass aber in der Natur lebendige Begriffe seyn können, die nichts weiter sind, als eben diese Begriffe selbst, die nicht *gehabt* werden, sondern für sich bestehen, und als für sich bestehend, ohne Reflexion, wirken: diess gehört für sie nicht allein zu den Unbegreiflichkeiten, sondern zu dem völlig Unverständlichen; und es ist in diesem Betracht in der philosophischen Welt unsrer Zeiten, noch immer der alte Jammer der Cartesianischen Zeit, welche alle dunkle, d.h. nicht reflectirte, nicht subjective, sondern objective, Begriffe läugnete, damit aber die gesammte Natur, nicht nur die ins-

LXXX. Eben so kann sie auch der Begriff des Dings, dessen unmittelbare Position sie selbst ist, nicht schlechthin oder absolutè seyn, sondern nur der Begriff desselben in der Beziehung auf andre Dinge, d.h. ein Begriff desselben inwiefern er *Leib* ist. |

LXXXI. Aber auch in dieser Theilnahme an der Endlichkeit dessen, wovon sie der Begriff ist, bleibt doch, der ersten Nothwendigkeit gemäss (LXV.) das Verhältniss der Seele zum Leibe, stets das Verhältniss der Unendlichkeit zur Endlichkeit, und auch so ist die Seele jedes Dings das, wodurch es stets und mit Beständigkeit aufgelöst wird in das ewige Daseyn. Welches genauer zu erklären, jetzt noch insbesondre unser Geschäft seyn muss.

LXXXII. Ein jedes das nur *dieses*, d.h. ein völlig Bestimmtes ist, *ruht*; ein jedes aber, das entweder Mehreres ist, als es in diesem Augenblick offenbaren kann, oder Mehreres zu seyn trachtet, als es gegenwärtig in der That ist, von dem sagt man, dass es sich *bewegt*.

LXXXIII. Die Substanz absolut betrachtet, bewegt sich nicht, denn es ist in ihr kein Abstand und keine Leere; nicht etwas das zuvor gewesen, und ein Anderes, das hernach seyn würde, sondern sie ist zumal Alles, in dem Nu die Ewigkeit und als ewig doch nur Eine untheilbare Position. Dem Einzelnen aber, welches sie ist, scheint sie von einem in Andres und wieder Andres fortzugehen gleichsam als ein solches, das immer ganz sich offenbaren will, aber nie völlig in der Wirklichkeit dazu gelangt, während sie für sich selbst in der That stets der gleiche ewiggeschlossne Zirkel ist.

LXXXIV. In jenem Fortgang von Andrem in immer Andres scheint sie den Fluss der Zeit zu erzeugen, (131.). Allein die Ewigkeit der Substanz geht, der Idee nach, selbst der Zeit voran, und bleibt im|mer das Erste oder Oberste; oder viel-

gemein todt genannte, sondern eben so die lebende, in das Reich der reinen Mechanik heruntersetzte.

mehr das *Eine* und das Zeitliche ist selbst von dieser Ewigkeit begriffen.

LXXXV. Indem die Substanz das einzelne Ding ist, ist sie, kraft ihrer ewigen Freyheit, unmittelbar auch alle Dinge, welche mit jenem zwar in der *Natura Naturans* und der allen Widerstreit lösenden göttlichen Einbildung (XXXII.), aber auf keine andre Weise, in der *Natura Naturata*, zumal und Eins seyn können. Sie scheint daher fortzuschreiten, nicht weil, wie Einige sagen, die Materie nie gesättigt ist und stets nach Mehrerem trachtet, sondern weil sie selbst *actu* (auch das Einzelne seyend) Mehreres *ist*, als dieses wegen eigner Eingeschränktheit zu fassen vermag, daher sie ihm fort und fort in immer Andres hin- und überzuströmen scheint.

LXXXVI. Fluth und Ebbe, Geburt und Wiederaufnahme der Dinge sind also nur die dem Einzelnen fühlbare Wellenschläge ihrer Ewigkeit; Momente, die zwar für die Betrachtung des Endlichen getrennt, an sich selbst aber oder in dem Leben der Substanz ungetrennt sind (XXX.).

LXXXVII. Aus diesem Grunde bleibt die Natur, alles Wechsels der Formen unerachtet, der Substanz nach, immer dieselbe, welches denjenigen unbegreiflich seyn muss, die keine Idee von der Art haben, wie sie wesentlich alle Dinge *ist*, und die so viel verschiedne Substanzen annehmen müssen, als verschiedne Geburten der Natur sind. Wie vielmehr ein volles Gemüth, das überfliesst in Aeusserung, doch da|bey dasselbe bleibt, und seine Gedanken immer auflösend in sich selbst als deren Ewigkeit, mit ihnen zusammen und Eins bleibt: so bleibt die Natur mit ihren Empfängnissen Eins und ist jedem stets und unmittelbar gegenwärtig, indem sie zugleich in ihrer eignen Einfachheit und Ewigkeit besteht.

LXXXVIII. Die Substanz, in der Absolutheit und Ewigkeit, ist daher nicht *bewegt*, noch an sich selbst auch das *Bewegende*. Das Endliche aber, welches die Substanz *ist*, ist auch nicht *bewegend*; vielmehr allein *bewegt*. Denn es für sich selbst ist in jedem Augenblicke nur *dieses* und trachtet nur dieses zu seyn.

Sein Wesen ist die Ruhe, sein Bild der Raum, welcher die Ruhe selbst ist.

LXXXIX. Wie die Flamme nicht stetig brennt, weil sie zu ihrer Nahrung der Luft bedarf, die selbst durch andre Dinge bestimmt ist, welche wieder durch andre; so kann das Phänomen des Leibes, aus dem gleichen Grunde, kein beständiges seyn, ja richtiger würde man sagen, dass alles Leibliche nur einen Augenblick des wahren und vollständigen Daseyns habe, wie die Gewalt des geschmolzenen und geschiedenen Silbers nur in Einem Blicke sich verkündiget.

XC. In jeder Kreatur und Bildung aber ist das eigentlich Lebende eine ewig gebohrne *Idea*, von der Anfang und Ende eines jeden Dings selbst die bloss scheinbar getrennten Momente sind, wie in jenen wundervollen Umwandlungen der Natur, da sie ein anfängliches Erdgeschöpf zu einem Luftgeschöpf ausbildet, die in demselben webende Idea die wahre | und, der Natur nach, ewige Mitte dieser beyden Zustände ist.

XCI. Alle Bewegung und Verwandlung des Endlichen hat daher (LXXXIX.) in der Verkettung aller Dinge und der ewigen Mässigung des Seyns eines jeden durch das Seyn aller und hinwiederum aller durch das Seyn eines jeden (XXVII.) seinen letzten Grund und ewigen Quell. Da das Seyn aller Wesen, wie sie in der Substanz in der That zumal vorhanden sind, Ein untheilbares ist, so sind dem äussern Leben nach alle Dinge in Hass und Liebe gleicherweise gegeneinander gestellt; (jenes, weil sie sich ausschliessen in der Existenz, dieses, weil eines des andern Ergänzung ist), und werden vielfach bewegt in Einigkeit und Streit, auf diese Weise die Stille der Ewigkeit lautmachend, und die Einheit offenbarend in Geschiedenheit der Kräfte.

XCII. Das Erste Bewegende (*Primum Movens*) im *Universum* ist daher allein (XXIV.) das Gemüth der ewigen Natur, oder die heilige Seele der Welt, die alle Dinge stets in sich auflösend und gleichsam verzehrend, das erste und vornehmste Werkzeug der Ewigkeit ist.

XCIII. Auch im einzelnen Ding aber ist die zumal mit ihm selbst gebohrne Seele als eine Einbildung des ewigen Gemüths (LXXVIII.), und in der Beziehung auf den Leib das wahrhaft Unendliche. Denn das Endliche, indem es auch bewegt wird, ist doch immer und in jedem Augenblick nur *dieses;* die Seele aber ist die Möglichkeit und Empfindung andrer | Dinge, *als* andrer, und, da diese wieder mit andern ins Unendliche fort zusammenhangen, eine wahre und lebendige Gegenwart des Unendlichen im Endlichen.

XCIV. Eben darum ist die Seele das allein Bewegende jedes Dings nach dem Mass seiner Verhältnisse und das stets Auflösende des Endlichen in das Unendliche, ein Werkzeug der Ewigkeit in jedem einzelnen Ding.

XCV. So also denken wir, dass die Natur aus Seele und Leib vollendet werde zu einem wahrhaft göttlichen Anblick und gleichsam als ein empfindlicher und begreiflicher Gott gebohren. Wie aber die *Substanz selbst* in der Einzelheit und in der Verkettung der Dinge als das Unendliche und ewig Freye bestehe, dieses ist es, was wir nun weiter zu betrachten haben.

Anmerkung
zum XXII. Aph., die Unterscheidung analytischer und synthetischer Sätze betreffend.

Wäre die Bedeutung des Principes A = A die formale, (wenn ich A denke, so denke ich A), diejenige, welche ihm die gemeine Logik giebt: so würden aus demselben in der That keine andern, als die nichtssagenden Sätze folgen können, welche Kant als analytische bezeichnet. Jener Satz ist aber, weit entfernt von bloss formaler Bedeutung zu seyn, vielmehr der höchste Existentialsatz, darinn das Wesen und der Bestand aller Existenz ausgespro | chen ist. Alle Existenz beruht auf der unauflöslichen Verknüpfung des Subjects mit einem Prädicat, die in jenem Satze nicht für den besondern Fall, sondern allgemein und schlechthin ausgesagt ist. Wird nun zugegeben, wie dann zugegeben werden muss, dass das Verhältniss des Prädicats (d.h. des Prädicirten) zum Subject (d.h. dem Prädicirenden) das Verhältniss eines solchen sey, das an und für sich selbst *nicht* seyn könnte, durch die Verknüpfung mit dem Subject aber *ist*: so erhellt, dass der Satz A = A, das Princip der Identität, nichts andres aussagt, denn *die ewige Copula dessen, das an sich selbst ist, mit dem, das an und für sich selbst nicht seyn könnte,* d.h. die absolute Identität des Unendlichen und des Endlichen. Es erhellt eben daraus, dass durch jede Verknüpfung, die in Kraft dieses Gesetzes geschieht, also überhaupt in jedem Vernunftsatz, nicht Gleiche, sondern wirklich Entgegengesetzte verbunden werden, die sich immer so verhalten, wie sich Prädicirendes und Prädicirtes verhält. Beyde wären formal, oder analytisch, nicht Eins; sie wären nicht Eins *ohne Gott*; durch Gott sind sie aber auch nicht synthetisch, sondern eben absolut-Eins. – Wie nun hiemit zugleich die Realität aller synthetischen Sätze, als *solcher*, falle, ist von selbst klar; und diess erstreckt sich sowohl auf Erfahrungssätze als auf die, welche als *a priori* gewisse betrachtet werden. Z.B. das Verhältniss der Ursache und der Wirkung mag für endliche Naturen, d.h. solche, | die nicht alle Dinge zumal erkennen, ein bloss synthetisches seyn; in Gott aber ist die Wirkung (d.h. das Prädicirte) mit der Ursache (dem Prädicirenden) nicht nur zumal, sondern absolut Eins; denn das Bewirkte = B *ist* das Absolute, und das Bewirkende = A ist dasselbe Absolute, beyde sind also nicht synthetisch und nicht analytisch, sondern absolut verknüpft. Eben so sind auch in jedem empirischen und völlig einzelnen Satz, Subject und Prädicat, auf das Absolute bezogen, schlechthin Eins. Das Streben der Vernunfterkenntniss aber ist dieses, alles im Einzelnen Undurchdringliche in die Klarheit und Evidenz des A = A aufzulösen. So würde nach der gewöhnlichen Betrachtungsweise z.B. der Satz: die Luft löst sich eben in Regen auf, als ein Satz von der möglich zufälligsten Verbindung angesehen werden müssen. Aus dem Begriff Luft kann ich nie den Begriff von Wasser ableiten, noch aus dem Begriff des gegenwärtigen Augenblicks, dass es gerade jetzt regnet. Daher, sagt man, ist diess ein synthetischer Satz. Allein, wenn wir diese Begebenheit der Natur nicht abstractè betrachten, sondern in der Beziehung auf die Einheit der Substanz und ihres Lebens im Weltall: so begreifen wir im Allgemeinen, wie auch jene aus *dieser* erfolgt, und würden, wäre uns, von unserm Standpunkt aus, gegeben, das Ganze zu übersehen, bestimmt einsehen, dass, wenn es z. B. jetzt nicht regnete, die Harmonie des All gestört, das A = A also aufgehoben seyn müsste. Aller Schein einer syntheti | schen d. h. zufälligen Verknüpfung ist daher jederzeit nur subjectiv, d. h. er gründet sich auf die Unvollkommenheit unsrer Erkenntniss und ist daher selbst nichts Positives. Diess gilt schlechthin für alles in der Sphäre der Wirklichkeit liegende. Alle Veränderungen und Bewegungen der Natur sind nur Momente des ewigen und durchaus identischen und in sich selbst stetigen Lebens der Substanz, vom Standpunkt der Einzelheit erblickt; alle quellen gleicherweise aus der absoluten Identität, nach ewiger Folge.

(Die Fortsetzung folgt.)

I.
Aphorismen über die Naturphilosophie von Schelling

Erster oder allgemeiner Theil.
(Beschluss)

B) *Von der Unendlichkeit und Freiheit der Natur selbst in der Einzelheit und in der Verknüfung der Dinge.*

XCVI. Der ewigen Substanz Freiheit und Unendlichkeit in den Dingen, welche sie ist, haben wir, im Allgemeinen, auch schon im Vorhergehenden, erkannt: hier aber handelt sich von der Wirklichkeit derselben, oder davon, wie diese Unendlichkeit und Freiheit des Wesens in der Natur sichtbar und erkenntlich sey?

XCVII. Es giebt eine doppelte Betrachtungsart der Dinge. Entweder wird auf das Ding, das Bejahte als solches, in der Abstraktion von der Bejahung, die es ist (XXXII. Anm.), gesehen, und dieses nennen wir die abstrakte Betrachtungsweise, oder es wird auf | das göttliche Seyn und die Position jedes Dings, d.h. auf die Substanz selbst gesehen, so fern sie es ist. Dieses nennen wir die Vernunftbetrachtung.

XCVIII. Die abstrakte Betrachtung kann durchaus nur unwesentliche Eigenschaften der Dinge bemerken, die für sich nichts reelles einschliessen, und die ihrer Wesenlosigkeit halber nicht einmal bemerklich wären, ohne die Position, die sie festhält und erscheinen macht.

XCIX. Das Bejahende und das Bejahte sind auf ewige Weise Eins und nothwendig beysammen; so dass es auch in dem Wirklichen selbst keineswegs das Bejahte als solches, sondern nur seine Einheit mit dem Bejahenden ist, die uns mit der Idee des Positiven und Wirklichen erfüllt.

C. Das Bejahte, das nur an und zumal mit dem Bejahenden seyn kann, *ist* eben darum nicht *als* das Bejahte, sondern nur als Einheit oder Band des Bejahenden mit dem Bejahten. Seine Form als bloss Bejahten dagegen ist nothwendig die Form der Unvermögenheit für sich selbst zu seyn, oder der vollkommenen Kraftlosigkeit.

CI. Substanz ist Selbstbejahung, und SelberOffenbarung. Darum ist der Charakter des blossen Bejahtseyns der Charakter der reinen Substanzlosigkeit.

CII. Der Raum ist diese Form der Substanzlosigkeit, des Bejahten ohne das Bejahende, oder der Dinge in der Abstraktion von der Substanz. (143.)

CIII. Die Substanz ist (XXXIV. Anm.) das Aus|gedehnte, aber nicht selbst ausgedehnt. *)[33] Der Raum, da er die Form des Bekräftigten ohne das Bekräftigende ist, (CII.) kann eben darum (XCIX.) weder selbst etwas Wirkliches seyn, noch zu dem Wirklichen, *als solchem*, irgend ein Verhältniss haben.

CIV. Inwiefern das in allen Dingen Absolute die Einheit des Bejahenden und Bejahten ist: muss es, weit entfernt, selbst durch den Raum afficirt zu seyn, diesen vielmehr als nichtig setzen in den Dingen.

CV. Der Raum ist Vielheit ohne Einheit, Umkreiss ohne Mittelpunkt; das Ewige aber die Einheit in der Vielheit, und überall Mittelpunkt, auch im Umkreiss.

CVI. Der Raum wird dadurch negirt, dass die Position oder der Begriff aller Dinge in das Einzelne gesetzt ist. Da aber dieses,

*) So Spinoza: *Deus est ree extensa;* aber nirgends, dass wir wüssten, *Deus est extensus*, wie ihn die gelehrte und ungelehrte Menge bis auf diesen Tag verstanden.

als ein solches, das nur *dieses* ist, den Begriff des Ganzen nicht fassen kann, so fliesst dieser in ihm über, (XLI.) und setzt es als nichtig und als real zugleich. Als nichtig in seinem Fürsich-Bestehen, als blos Bejahtes; als reell, in wiefern es vom Begriff des Ganzen beherrscht und die Einheit des Ganzen in ihm offenbar wird.

CVII. Das Bejahende aber, oder der Begriff, und das Bejahte sind doch auf eine ewige und nothwendige Weise beysammen; (XCIX.) so dass jenes in der Abstraktion von diesem eben so wenig real und wirklich | seyn könnte, als es dieses in der Trennung von jenem zu seyn vermag.

CVIII. Das Bejahende in der Abstraktion vom Bejahten, oder im Gegensatz mit ihm angesehen, ist das Princip der *Zeit*. Wird aber nicht auf den Gegensatz, sondern auf die Einheit oder Copula (XXXI. XXXII. Anm.) in dem Gegensatz gesehen: so wird die Ewigkeit in dem Ding erkannt.

CIX. Das Princip der Zeit erscheint der abstrakten Auffassung als das, was allerwärts Mittelpunkt ist, aber nirgends Umkreiss oder Fassung (III.), indem es das Bejahte überschwellt. Aber in der wahren Einheit (der absoluten Copula) ist das Bejahte mit dem Bejahenden nicht auf eine vorübergehende und zeitliche, sondern auf eine ewige, von aller Zeit unabhängige, Weise verknüpft.

CX. Durch die Negation des Raumes, oder dadurch, dass das Ewige das Eine ist in dem Vielen, ist in das Viele die innere Einheit aller Dinge als Zeit, als unendlicher Begriff, gesetzt, von dem es überwältigt wird. Aber so ursprünglich als das Ewige die Einheit ist in der Vielheit, eben so ewig ist es auch die Vielheit in der Einheit; oder: so ewig das Bejahende dem Bejahten, auf eben so ewige Weise ist das Bejahte dem Bejahenden verknüpft.

CXI. Aus dieser Verknüpfung entspringt jenes göttliche Mass der Dinge (XIV.) im Ganzen, wie im Einzelnen. (XLIII.)

CXII. Wir können diese doppelte Einheit ausdrücken als ein zweyfaches Band, das in dem absoluten | Band eingeschlossen liegt; das erste, wodurch das Ewige sich in der Allheit der

Dinge; das andre, wodurch es diese Allheit in sich, als zu ihm gehörig, (XIII.) setzt: beyde sind aber in dem Ewigen Eins, oder vielmehr das Ewige selbst ist nur Ein Band, und dieselbe Substanz in beyden.

CXIII. Wird durch das erste Band der Raum negirt, der unendliche Begriff im Bejahten, und dieses damit zeitlich gesetzt: so wird im Gegentheil durch das andere Band die Zeit negirt, und der Raum als ein wirkliches Fürsich-Bestehen des Bejahten gesetzt, indem auch dieses in der Einheit mit dem Bejahenden Ewigkeit hat, und ein All für sich ist.

CXIV. Raum und Zeit negiren sich also wechselseitig; so dass nirgends und in Nichts Raum oder Zeit für sich wirklich sind; die Wirklichkeit vielmehr nur in der gegenseitigen Indifferenziirung oder Negation beyder durch einander hervortritt.

CXV. Die in dem Raum gesetzte Zeit, oder das dem Bejahten eingebildete Bejahende ist das erste Band an den Dingen, und deren *erste Dimension*.

CXVI. Der in die Zeit aufgenommene Raum, oder das mit dem Bejahenden synthesirte und in ihm gesetzte Bejahte, ist das andre an den Dingen offenbare Band, und deren *zweyte Dimension*.

CXVII. Jede dieser Dimensionen, als eine Indifferenz von Raum und Zeit, ist schon für sich real, (CXIV.) oder, in jeder ist schon das ganze Ding. Da aber jede doch nur eine relative Indifferenz ausdrückt: so tritt das schlechthin Reale erst in der gegenseitigen | Indifferenziirung auch dieser beyden Einheiten durch das absolute Band (CXIII.) hervor.

CXVIII. Das vollkommne Reale, d.h. dasjenige, in welchem die ganze *Idea* oder *Natura Naturans* gegenwärtig lebt (XXXIII.), ist daher nothwendig ein in der Einheit dreifaches, und in der Dreifachheit einiges und untheilbares. Denn es ist der Ausdruck eines dreyfachen Bandes, das als solches doch nur Eines ist: die ausgesprochne Fülle des A = A.

CXIX. Dieses vollkommne Reale ist die körperliche Materie. (LIX.)

CXX. Die Materie ist Ein und dasselbe Ganze, das auf völlig gleiche Weise Einheit in der Vielheit und Vielheit in der Einheit ist. Jede dieser beyden Seiten, die wir auch als reale und ideale bezeichnen können, ist die ganze Materie, und jede derselben drückt das ganze Wesen der Substanz aus.

CXXI. Diese Einheit in der Materie ist auch die des Wesens und der Form. Denn die Einheit in der Vielheit ist die Fülle und das Setzende der Masse (des Bewältigten); die Vielheit aber, lebendig in die Einheit aufgenommen, das Mass oder die Form.

CXXII. Auch die Materie kann entweder in ihrem An-sich betrachtet werden; oder abstrakt, in der Trennung von der Substanz (XCVII.). Im letzten Fall erscheint auch sie selbst lediglich als Bejahtes und unter blos leidenden Bestimmungen, d.h. solchen, die nichts Positives in sich schliessen.

CXXIII. Eine Folge dieser Betrachtung ist z.B. die Vorstellung der Materie, als eines blos leidenden | oder empfangenden Princips, dem die Formen eingeprägt sind, und ähnliche, deren Nichtigkeit zum Theil schon im Vorhergehenden gezeigt worden (LIII.f.).

CXXIV. Die Modifikationen oder Bestimmungen, deren die Materie in dieser Abstraktion allein fähig, und in denen überall keine Wesenheit enthalten ist, sind z.B. die Verschiedenheit des Orts, der Figur, der Grösse u.s.w.

CXXV. Diese bloss passiven Verschiedenheiten der Materie sind es, deren Inbegriff Mechanismus heisst. Die mechanische Ansicht der Natur ist daher eine auf lauter Abstraktion beruhende, die entsteht, indem von allem Realen und Positiven der Materie abgesehen, und das Nichtige in Betrachtung gezogen wird.

CXXVI. Die Materie abstrakt betrachtet, ist nur das Gefasste der absoluten Copula, das aber als solches und von dieser abgesondert keine Realität hat. Die Materie aber in ihrem Wesen, d.h. positiv oder an sich angesehen, ist eben diese lebendige Copula des Bejahenden mit dem Bejahten, und von ihr nicht verschieden.

CXXVII. Die Materie an sich oder in dem Band betrachtet, ist *actu* unendlich, im Ganzen wie im Einzelnen; denn das Band selbst ist absolute Position gegenwärtiger Unendlichkeit.

CXXVIII. *Actu* unendlich, ist was unendlich ist kraft des Wesens oder der Position: von ihr verschieden ist die imaginirte oder empirische Unendlichkeit, die auf der blossen Anhäufung abstrakter Endlich | keiten beruht, und die vielmehr eine fortgesetzte Verneinung der Unendlichkeit als Bejahung derselben ist.

CXXIX. Nichts kann unendlich werden, das nicht seinem Wesen nach unendlich ist, auch durch endlose Hinzufügung. Kann also die Grösse im Raum die Unendlichkeit nicht schaffen: so kann sie noch weniger dieselbe vernichten. Die Materie und jeder Theil derselben ist daher unangesehen alles Raumes an sich unendlich.

CXXX. Jene, welche das *actu* Unendliche nicht zu fassen vermögen, läugnen es aus dem Grunde, weil sonst eine unendliche Zahl als wirklich oder gegenwärtig angenommen werden müsste. Allein, dass es ein Unendliches gebe, dem überhaupt keine Zahl, weder endliche noch unendliche (wenn eine solche gedacht werden könnte), angemessen ist, und das alle Zahl unendlich übertrifft, davon könnten sie sich allein schon durch die Beyspiele der Mathematik überzeugen, in welchen eine solche Unendlichkeit mit vollkommner Evidenz als eine gegenwärtige angeschaut, und unmittelbar erkannt wird. *)[34] |

*) Spinoza in dem bekannten Brief über den Begriff des Unendlichen (*Opp. posth. Epp.* XXIX.) bedienet sich des Gleichnisses von den Ungleichheiten des Zwischenraums, der von zwey Kreisen verschiedner Mittelpunkte eingeschlossen ist. Die Unendlichkeit dieser Ungleichheiten ist eine schlechthin gegenwärtige, actu daseyende und beschlossene. Auf diese Unendlichkeit wird 1) nicht geschlossen aus der *Größe* des eingeschlossnen *Raums*; diese ist vielmehr in Bezug auf jene völlig gleichgültig; ja im kleinsten Theil dieses Raums selbst wieder liegt eben so, wie im Ganzen desselben, eine Unendlichkeit von Differenzen. 2) Eben so wenig wird diese Unendlichkeit *aus der Menge gegebner Theile* geschlossen; sie folgt lediglich daraus, *daß die Natur, die Idee der Sache ohne offenbaren Widerspruch keine Zahl leidet.* 3) Die Unendlichkeit der Ungleichheiten in jener Figur unterscheidet sich auch dadurch

CXXXI. Das Wesen der Substanz ist allein, dass sie *sey*, oder sie ist die absolute Bejahung ihrer Existenz. Alles Seyn aber ist an sich selbst unendlich (II.), alle Endlichkeit dagegen, so weit sie diess ist, ist Verneinung von Seyn. Da nun aus dem Wesen der Substanz nur das *Seyn*, auf keine Weise aber das *Nicht*seyn folgen kann: so kann aus demselben auch nur unendliches und nicht endliches folgen.

CXXXII. Alles Seyn ist als Seyn nothwendig einfach; denn es ist absolute Position seiner selbst. Eben darum ist die Materie, so weit sie *Seyn* ist, d. h. an sich betrachtet, absolut einfach, und auf keine Weise zusammengesetzt.

CXXXIII. Eben so kann nie die Position oder Substanz, welche das Ding ist, sondern allein das | Abstraktum derselben getheilt werden; alle Theilung ist darum eine lediglich imaginäre, die auf das Reale oder Positive keine Beziehung hat.

CXXXIV. Die Substanz an und für sich ist nicht ein Seyn, und ein andres Seyn, sondern nur Ein und dasselbe Seyn. Alles aber, das *ist*, kann dem Seyn nach selbst nur in der Substanz und gleich der Substanz seyn. Darum ist in dem Seyn an sich selbst kein Aussereinander, kein Abstand, keine Leere, sondern nur Ein untheilbares und durchaus einiges Wesen.

CXXXV. Durch das erste Band (CXII.) ist das Ewige, ganz Centrum in jedem Punkte des Umkreises (180.), das untheilbare Wesen des Ganzen, die Position des Einzelnen als des Einzelnen.

CXXXVI. Durch das Band des Einen mit dem Vielen hat daher jedes Ding der Natur mittelbar sein Centrum oder Wesen in jedem andern Ding, so dass alle Dinge zwar, *abstrakte* betrachtet, ausser einander erscheinen, wahrhaft aber, oder dem

von der (imaginirten) Unendlichkeit, die z. B. in der Zahlenreihe angenommen wird, dass in ihr das Maximum und Minimum ganz genau bestimmbar ist – der Punkt nämlich, in welchem die Entfernung der beyden Kreise die grösste, und der, in welchem sie die geringste ist. – Diese Unendlichkeit hat also, mit Einem Wort, nichts gemein mit dem, was die Imagination für unendlich hält, und dennoch ist sie eine unläugbare, sichtliche Unendlichkeit.

Positiven nach alle in dem Einen Centro der Substanz gegenwärtig und in einander sind.

CXXXVII. Diese Einigung der Dinge beruht nicht auf ihrer Einzelheit; denn vielmehr ist es das Allgemeine oder Wesen, das sie ist, in dem sie geeinigt sind; auch ist sie nicht eine innere oder ideale Verknüpfung der Dinge; denn sie beruht nicht auf der Einbildung der Dinge in die Einheit der Substanz (XVIII.), sondern auf der Einheit der Substanz in ihnen.

CXXXVIII. Diese Einheit der Dinge ist das Geheimniss der Schwere in der Natur. Denn in derselben | ist das Band des Ganzen auch die Position des Einzelnen; wesshalb sie *im* Raum das Aufhebende des Raumes ist. Auch ist sie nicht eine Folge von der Besonderheit der Dinge (181. 182.), sondern der lautern Unendlichkeit oder (II.) der Existenz rein als solcher.

CXXXIX. Willst du die Nichtigkeit des Raumes begreifen, und wie in dem Wesen der Dinge kein Aussereinander, sondern lauter Innigkeit und Gegenwärtigkeit ist, so setze dich an die Stelle der Substanz in der Schwere.

CXL. Die Substanz in der Schwere durchscheinet alle Dinge, und begreifet sie alle, ob sie gleich selbst nicht begriffen wird. Ihr ist nichts, weder undurchdringlich, noch dunkel, noch theilbar, sondern alles als in absoluter Einigkeit.

CXLI. Die Materie in der Abstraktion von der Substanz, d.h. als blosses *Naturatum* oder als *Moles* betrachtet, kann sich zu der Substanz in der Schwere allein als zu ihrem Grunde verhalten; denn da sie nicht in der Identität mit ihr betrachtet wird, vermöge der Abstraktion; und dennoch nicht zu seyn vermöchte ohne die Substanz, als das Eine in dem Vielen: so verhält sie sich zu diesem, d.h. zu der Substanz in der Schwere, nothwendig als zu ihrem Grunde.

CXLII. Der Gegensatz des Bejahten und Bejahenden ist auch gleich dem von Ruhe und Bewegung (LXXXII.). Wie nun nicht das eine oder andre von den beyden, sondern ihre absolute Copula das wahre Wesen ist (LXXXVIII.): so ist auch die Substanz in der Schwere nicht die Ruhe allein, sondern die ewige | Bewegung in der ewigen Ruhe; womit also jene abstracte Ruhe negirt ist, deren Bild der Raum ist, (ebend.) in welchem alles bewegt wird, der aber selbst unbeweglich ist.

CXLIII. Die Bewegung in der Ruhe, welche der Ausdruck der Schwere ist an dem Ding, ist diesem nicht zufällig, sondern wesentlich, und nicht sowohl eine Bestimmung seines Seyns, als das Seyn selbst, und die objective Wahrheit seiner Existenz.

CXLIV. Das Wesen oder Band in einem Ding wird nicht bestimmt durch das Wesen oder Band in einem andern, noch bestimmt es hinwiederum dieses; denn es ist in beyden nur Ein und dasselbe Wesen.

CXLV. Eine Wirkung der Dinge auf einander ist nur denkbar, indem sie aus dem absoluten Identitäts-Verhältniss in das der Differenz und Relation unter sich gesetzt werden, d.h. für die abstrakte Betrachtung. Wie nun die Dinge in dieser Abstraktion selbst nichtig sind, eben so ist alle gegenseitige Wirkung der Dinge, als solche, eine nichtige.

CXLVI. Eben darum kann dem Wesen oder Realen nach kein Ding zu dem andern ein Verhältniss des Bewirkenden oder Bewirkten haben, sondern allein ein Verhältniss absoluter Identität.

CXLVII. Das Seyn in einem Ding scheint bestimmt durch das Seyn in einem andern lediglich darum und in sofern, weil, und in wiefern das Seyn in jenem und das Seyn in diesem nur Ein und dasselbe Seyn ist.

CXLVIII. Jedes Wesen ist schon unmittelbar | durch das *Seyn* selbst in der Einheit mit der Substanz und dadurch mit allen Dingen. Die Einheit aller Dinge, oder die Einheit eines Dings mit allen andern in der Schwere ist daher nichts Bewirktes, sondern vielmehr das Ursprüngliche, das Seyn, oder die Position selbst.

CXLIX. Die Dinge, in der Abstraktion betrachtet, sind sich nothwendig fremd und ohne Gemeinschaft, wie jeder Punkt des Raums dem andern fremd und uneinbar ist. Die Einigung der Dinge in der Schwere kann also ihren Grund nicht in den Dingen selbst, als solchen oder *abstrakte* betrachtet, haben, sondern umgekehrt vielmehr, die Dinge haben ihren Grund in der Einheit, die das Wesen der Schwere ist.

CL. Den Grund der Schwere in eine Kraft oder Eigenschaft des Körpers und der Masse setzen, *) heisst den Gott läugnen, der in der Schwere ist, und die Natur vom ersten Grund aus entgöttern.

CLI. Das Wesen, welches alle Dinge ist, hat nothwendig selbst kein Verhältniss zu anderem, und ist nur sich selber Mittelpunkt. Alles ist in ihm, aber es ist selbst in keinem anderen.

CLII. Das, was in jedem Ding das Schwere ist, und das, wogegen es schwer ist, ist Ein und dasselbe: so also ist die an sich unendliche und unschwere Natur in dem höchsten Zwang der Dinge selbst frei; wie im Gegentheil die göttliche Freiheit der Natur selbst der höchste Zwang der Dinge ist. |

CLIII. So wenig eine ewige Wahrheit oder eine Vernunftfolge, z.B. eine wesentliche Eigenschaft des Kreises, durch die Grösse oder Art eines wirklichen Kreises mag modificirt werden, so wenig das ewige Gesetz und Gleichmass der Schwere durch Grösse oder Beschaffenheit der Dinge.

CLIV. Die Substanz ist in dem Grössten nicht mehr, denn in dem Kleinsten, in dem Verschiednen und Ungleichen eben so, wie in dem Aehnlichen und Gleichen, dieselbe absolute Identität; und durch keinen Unterschied, den die abstrakte Beurtheilung festsetzt, je afficirt. **) |

*) Wie in der Newtonischen Ziehkraft, von der sogar die gemeine Rede, dass sie nur das Phänomen ausdrücke, unrichtig ist.

**) Diese absolute und durchgängige Einheit der Schwere hat auch die Physik unter dem Namen der absoluten Schwere erkennen müssen. Diess Eine jedoch hätte hingereicht, den Irrthum ihrer anderweitigen Vorstellungen vom Wesen der Schwere darzuthun. – Der Begriff der specifischen Schwere dagegen, wo diese nämlich im Produkt und nicht im Wesen betrachtet wird, bietet ein Beyspiel dar, von dem, was wir abstrakte Betrachtung nennen. – Dass übrigens die specifische Schwere mechanisch schlechthin nicht begreiflich sey, sondern durchaus nur dynamisch, wird hier nur vorläufig er-

CLV. Da in der wahren Substanz kein Abstand, keine Nähe noch Ferne ist (LXXXIII.), so ist Wirkung in die Ferne ein Unding in der Natur.

CLVI. Alles, das durch die göttliche Einheit der Dinge vermittelt ist, ist der abstrakten Betrachtungsart eine Wirkung in die Distanz.

CLVII. Die Schwere ist die stille Feyer der Natur, damit sie die Einheit in der Unendlichkeit, d. h. ihre Vollendung, feyert.

CLVIII. Das Wesen in der Schwere ist selbst nicht dem Raum unterworfen, sondern über allen Raum; und der göttliche Gegensatz alles Raums.

CLIX. Das wahre Universum, das die Substanz selbst ist, kann daher dem Raum nach so wenig unendlich als endlich seyn; nicht unendlich, denn alles, was in dem Raum gedacht wird, ist endlich; nicht endlich, denn dem All ist es unmöglich, endlich zu seyn. Wie es vielmehr Dinge giebt (CXXX.), die durch ihre Natur alle Zahl übertreffen; eben so übertrifft das All durch seine Natur allen Raum. |

CLX. Der Raum, der nichts anders ist, denn die der Einheit beraubte Vielheit oder Unendlichkeit (CV.), ist das Gegentheil wahrer Totalität. Daher die Anwendung des Raums auf das All

innert, und müsste schon aus dem blossen Dualismus von Schwere und Licht erhellen. Wie diese beyden Attribute der Natur zwar im Ganzen stets das Gleichgewicht bewahren, aber mit stetem Wechsel im Einzelnen, so ist auch Zu- und Abnahme specifischer Schwere verflochten in den innern Lebenswechsel der ganzen Natur. – Wir wollen hier noch bemerken, dass wir die Schwere bis jetzt blos als das Allgemeine oder die reine Position betrachten. Aber mit dem Allgemeinen zumal ist das Besondre; das Wesen in der Schwere ist die reine Copula selbst, die, als solche, keiner Qualität, Quantität u. s. w. fähig ist, aber mit dieser Copula zumal ist das, was derselben fähig ist, wie mit dem Band in dem Satz A = A auch A als Subjekt und A als Prädikat zumal sind. Die Schwere ist der lebendige Schlag, oder die Position in ihrer Identität angesehen; aber unmittelbar aus ihr bricht hervor – oder vielmehr *mit* ihr zumal *ist* – Gegensatz, Polarität, und das ganze Spiel des einzelnen Lebens, zu dem sie, als der unsichtbare, erst in der höheren Potenz selbst wieder ganz objektiv werdende Grund und ewige Träger sich verhält.

nichts als Widerspruch erzeugen kann, da sie selbst ein Widerspruch ist.

CLXI. Die Imagination (145.) will das Universum als Einheit; denn nur als solche ist es Totalität: aber es kann nicht Eines seyn im Raum, wenn es nicht endlich ist. Sie setzt es daher als endlich, dem Raume nach; aber sie will es zugleich als Allheit, und muss es zu dem Ende dem Raume nach als unendlich vorstellen: sie denkt es daher als endlich oder unendlich, je nachdem sie auf die Einheit oder auf die Allheit reflektirt.

CLXII. Wie aber ein solches Schweben der Imagination zwischen Entgegengesetzten – die im Raum nicht vereinbar sind, weil der Raum eben auf ihrer Trennung beruht – ein Widerstreit der *Vernunft* mit sich selbst heissen könne, ist nicht einzusehn.

CLXIII. Die Vernunft, welche objectiv im Universum lebt, die Schwere, hebt jenen Widerstreit sichtbar auf, indem sie die Unendlichkeit der Natur ganz in die Gegenwart spielt, und in dem Punkte darstellt, was die Imagination in endloser Ferne sucht. Diese wahre Unendlichkeit, welche dieselbe ist im Kleinsten wie im Grössten, ist über alles Maas, und übertrifft alle Vergleichung.

CLXIV. Da sonach das All, (das schaffende und zeugende) ohne alle Quantität ist: so ist es eben darum auch nicht Materie in der abstrakten Bedeutung, | als theilbare Raumerfüllung, oder als leiblich, sondern allein in der substantiven Bedeutung.

CLXV. Auch kann es eben desshalb keine Figur haben, noch ist es der verschiednen Abmessungen empfänglich, nicht wie der Punkt aus Mangel der Objectivität, noch, wie es von dem absoluten Raum gesagt wird, weil er keine Gränze habe, sondern weil es über allen Raum ist.

CLXVI. Die Substanz in der Schwere ist das Princip der Endlichkeit der Dinge. Denn, den unendlichen Begriff des Ganzen in das einzelne (Bejahte) setzend, setzt sie dieses zugleich als nicht-für-sich-seyend, als von ihm bewältigt, als Masse, oder zeitlich. (CXV.)

CLXVII. Das Einzelne *ist*, in wiefern der unendliche Begriff des Ganzen in ihm bejaht ist; aber es ist eben darum nicht *als* das Einzelne, sondern nur sofern es dem Ganzen dient (CVI.). Sein Leben ist daher weder absolut ein Seyn, noch absolut ein Nichtseyn, sondern ein Schweben zwischen beyden.

CLXVIII. Der Unfähigkeit wegen, den unendlichen Begriff des Ganzen in sich zu enthalten, drückt sich die Unendlichkeit desselben im Bejahten als ein steter Wechsel und ein endliches Ueberschwellen des letztern aus: das Seyn desselben ist also ein beständiges Vergehen, und hinwiederum, im Vergehen allein hat es ein Seyn.

CLXIX. Da aber gleichwohl das Band, wodurch der unendliche Begriff mit ihm, dem Einzelnen, verknüpft ist, in der schaffenden Natur ein ewiges ist: so | leuchtet eben in diesem Wechsel von Entstehen und Vergehen die Ewigkeit dieses Bandes, oder seiner *Idea* (XXXIII.) durch. Das Seyn des Ewigen ist in dem Einzelnen als Wechsel, und hinwiederum der Wechsel ist in Ansehung des Ewigen als das Seyn.

CLXX. Die Vergänglichkeit der Dinge muss in dem Mass offenbarer seyn, als das eigne Leben in ihnen entwickelt ist; dagegen je mehr in ihnen nur der unendliche Begriff lebt und das eigne Leben zurückgedrängt ist, in dem Verhältniss müssen sie als weniger vergänglich erscheinen.

CLXXI. Die Schwere (CXXXVIII. f.) ist nur das Eine Band der Dinge; (CXII.) oder, richtiger zu reden, sie ist das Band nur von der Einen Seite betrachtet, nämlich in sofern es die Verknüpfung des unendlichen Begriffs mit dem Einzelnen ist; nicht aber, in sofern es hinwiederum das Einzelne in den unendlichen Begriff aufgenommen, und als selbst ewig setzt. (CX. CXII.)

CLXXII. Die schaffende Substanz, oder *Natura Naturans*, in jedem Ding *ist* das Eine Band unmittelbar und nothwendig auf die doppelte Weise, nämlich als Einheit des unendlichen Begriffs mit dem Einzelnen und als Einheit des Einzelnen mit dem unendlichen Begriff; denn sie selbst (XXV.) ist die lebendige Einheit dieses doppelten Bandes.

CLXXIII. Das Band als Schwere ist das Wesen oder Position des Leibes; dasselbe also von seiner andern Seite betrachtet (CLXXI.) oder als Band des Einzelnen mit dem unendlichen Begriff, ist das Wesen der | Seele, oder die Seele selbst, dem Positiven nach betrachtet.

CLXXIV. Das Band von dieser Seite angesehen, oder als Wesen der Seele, ist in der Natur eben so real und wirklich, als das Band von der ersten Seite betrachtet in der Schwere real und wirklich ist.

CLXXV. Da Seele und Leib sich als Ideales und Reales verhalten; so muss der Einigkeit des Bandes wegen (CLXXI.), in dem Wesen der Seele *dasselbe*, nur auf ideale Weise enthalten seyn, was im Wesen des Leibes auf reale Weise enthalten ist.

CLXXVI. Wie sich zu dem Band von der realen Seite betrachtet, oder, zu dem Wesen in der Schwere die Schwere selbst verhält; so verhält sich zu demselben, von der idealen Seite betrachtet, das *Licht*; denn im Licht ist dasselbe auf ideale Weise enthalten, was in der Schwere auf reale.

CLXXVII. Alles das ist, ist auf untheilbare Weise, Seele und Leib; denn (CLXXII.) in allem das ist, ist das Band nothwendig und gleich ewig auf die doppelte Weise gegenwärtig.

CLXXVIII. Das Wesen der Seele und das Wesen des Leibes ist nothwendig nur Ein und dasselbe Wesen. Denn es ist (CLXXIII.) Ein und dasselbe Band Eines und desselben Daseyns, nur von verschiednen Seiten betrachtet.

CLXXIX. Das Band des unendlichen Begriffs mit dem Einzelnen ist in Ansehung jedes Einzelnen ein durchaus einziges Band. Denn das Ewige schafft oder bejaht nicht nach allgemeinen Begriffen, (88.) sondern | Jedes als eine eigne Welt, und als ob nichts ausser ihm wäre.

CLXXX. Dieses durchaus einzige Band ist zugleich ein schlechthin untheilbares; denn es ist als Wesen des Leibes und der Seele nur Ein und dasselbe Band.

CLXXXI. Das Band jedes Dings in seiner absoluten Einzigkeit und Untheilbarkeit ist die *Idea*, welche eben darum weder ein Allgemeinbegriff seyn kann, noch auch Seele oder Leib insbesondre, sondern das Absolut-Identische beyder.

CLXXXII. Die Substanz in der Schwere bejaht sich selbst als die Einheit in der Allheit der Dinge; aber eben so ewig bejaht sie auch dieses ihr Bejahen wieder, indem sie die Allheit der Dinge in die Einheit ihres Wesens aufnimmt.

CLXXXIII. Die Schwere kann daher relativ auf das Licht (CLXXVI.) als die andre Seite des Bandes, als Affirmation der ersten Potenz = $A^{1.}$, das Licht als Bejahung in der zweyten Potenz = $A^{2.}$ (191.) betrachtet werden.

CLXXXIV. Der Ausdruck der $A^{1.}$ ist *Seyn*; der Ausdruck der $A^{2.}$ Bejahung dieses Seyns (ebend.); aber beyde sind Eins und dasselbe; denn das Seyn kann nichts von seiner Position verschiedenes seyn, und hinwiederum die Position des Seyns nichts anderes, denn eben das Seyn selbst. Beyde sind nicht wesentlich sondern blos relativ verschieden.

CLXXXV. Da das Wesen in der Schwere alles real erfüllt, so muss das Wesen in dem Licht, als das | allgegenwärtige und unendliche Denken, alles auf ideale Weise erfüllen.

CLXXXVI. In der Schwere für sich verhält sich das Band oder Ewige lediglich als das Bejahende oder Subjective; indess das Bejahte oder Objective als ein Zeitliches oder Vorübergehendes erscheint. (CLXVIII.)

CLXXXVII. Nur in der Einheit mit dem Lichtwesen, der andern Seite des Bandes, (CLXXVI.) erscheint auch das Band in der Schwere selbst als bejaht. Denn das Wesen im Licht verhält sich zum Wesen in der Schwere als dessen Begriff oder Bejahung. (CLXXXIII.)

CLXXXVIII. Der Ewigkeit kann das Einzelne lediglich durch das Band des unendlichen Begriffs mit ihm selbst angehören (CLIX.), und es kann als ein selbst Ewiges und zum Ewigen Gehöriges existiren, nur so weit der unendliche Begriff und also auch das Band dieses Begriffs mit ihm selber als existirend gesetzt, oder selber wieder bejaht ist.

CLXXXIX. Wenn das Wesen in der Schwere das Setzende der Zeit in dem Ding ist: so das Wesen im Licht das Negirende der Zeit und das Setzende der Ewigkeit in demselben.

CXC. Das Wesen, das in der Schwere ein Band des einzelnen Dings mit allen andern Dingen ist (CXXVI.) und sein Für-sich-Bestehen aufhebt, negirt eben damit auch die Einzigkeit dieses Dings. Das Lichtwesen, *das Band selbst* bejahend und objectiv setzend, macht dessen Einzigkeit und damit auch die des Dings selbst offenbar. |

CXCI. Das Lichtwesen offenbart dasjenige an dem Ding, wodurch es eine ewige Wahrheit hat (99.), nämlich das Band als ein ewiges und durchaus einziges (CLXXXIX. CXC.), es selbst (das Ding) also als eine zugleich ewige und durchaus einzige Conception der unendlichen Lust der Bejahung (XXXII.).

CXCII. Bewegung ist Ausdruck des Bandes, wodurch ein einzelnes Ding andern Dingen verknüpft wird, die zwar in seiner Position, aber nicht in ihm selbst (als bejahtem) enthalten sind. In der Schwere wird darum (CXLII.) Bewegung *in* die Ruhe (des Einzelnen) gesetzt.

CXCIII. Ruhe in der Bewegung wäre, wenn die Dinge, deren Begriff in der Position eines Dings enthalten ist, zugleich in ihm selbst als Bejahtem gegenwärtig wären, d.h. wenn jene Position, die zugleich der Begriff andrer Dinge ist, in ihm selbst objectiv gesetzt wäre.

CXCIV. Dieses geschiehet in der Seele; denn die Seele ist der Begriff oder die Bejahung des Bandes, das als Wesen des Einzelnen zumal das Wesen aller Dinge, (CVI.) aber in der Schwere nur das Bejahende ist.

CXCV. Wie das Ewige, als Einheit in der Allheit, in jedem Besondern ein durchaus einziges Band, d.h. durchaus einziger oder individueller Leib ist *): so ist | dasselbe Ewige, als All-

*) Ich verweise auf CIII. und die Anmerkung zu jenem Satz. – Ich sage das Ewige, als ein durchaus einziges Band des Einen mit dem Vielen in jedem Besondern, *sey* individueller Leib; aber nicht sage ich, dass es *leiblich* sey. In

heit in der Einheit, in jedem Besondern ebenfalls ein schlechthin einziges Band, d. h. durchaus einzige oder individuelle Seele.

CXCVI. Jede Seele ist relativ vollkommener, oder (was dasselbe ist) sie enthält einen höhern Grad von Realität in dem Mass, in welchem die Bejahung oder Position, die sie ist (CXCIV.), die Bejahung andrer Dinge enthält, oder je vollkommner sie die Allheit in der Einheit (CXCV.) die ewige Ruhe als unendliche Bewegung (CXCIII.) enthält.

CXCVII. In dem Mass als in der Position, die die Seele ist, die Position andrer Dinge enthalten ist, in dem Mass ist auch objectiv im Wesen oder Band des Leibes, das Wesen andrer Dinge entfaltet; denn die Seele ist der Begriff der Position, die das Wesen des Leibes ist (CLXXXIV.).

CXCVIII. In gleichem Verhältniss, als die Substanz oder Copula des Leibes als Wesen oder Einheit andrer Dinge entfaltet ist, erscheint der Leib als beseelt.

CXCIX. Seele und Leib sind daher nicht allein in ihrem An-sich, sondern auch dem Grade ihrer Vollkommenheit nach, Eins; und da im Universum alle möglichen Grade von Realität enthalten sind (VII.): so sind in ihm auch alle Grade von Vollkommenheit des Leibes und der Seele enthalten.

CC. Der höchste Grad von Beseelung, die voll|kommenste Seele mit dem vollkommensten Leibe ist da gesetzt, wo die Seele *sich, als* unendlichen Begriff aller Dinge im Leibe wirklich erkennt; wo der Leib die vollkommen entfaltete Einheit in der Allheit, die Seele die vollkommen in die Einheit aufgelöste Allheit; die Peripherie also schlechthin gleich dem Centro ist.

CCI. Die Stuffenfolge der Dinge ist eine Stuffenfolge der Centrirung, so dass in Einem Ding und in dessen Begriff, seiner Seele, immer mehrere Dinge, und zuletzt alle enthalten sind.

CCII. In dem Verhältniss, als der Leib beseelter ist, erscheint das Bejahte an ihm grösserem Wechsel unterworfen.

demselben Sinn sage ich: als das andre Band sey es Seele, und da es in jedem Einzelnen ein durchaus einziges Band ist, sey es individuelle Seele.

Denn im Verhältniss der Beseelung, ist das Wesen des Leibes zumal als Wesen aller Dinge entfaltet; (CXCVIII.) desto wichtiger erscheint also das Bejahte, oder Verbundene, gegen die Position oder das Band.

CCIII. Die Wurzel alles einzelnen Daseyns ist das Band des unendlichen Begriffs mit dem Einzelnen. Die Schwere reducirt beständig alle Dinge auf diese Wurzel des Daseyns; das Lichtwesen dagegen ist das Exponentiirende dieser Wurzel.

CCIV. Das Wesen in der Schwere ist das Princip des Nicht-für-sich-seyns der Dinge; der unterirdische Gott, der stygische Jupiter. Das Lichtwesen dagegen ist das Princip des eignen Lebens der Dinge; denn indem sie ausser dem Seyn auch noch die Bejahung ihres Seyns in sich selbst haben, (CLXXXIV vergl. mit 195.), oder indem die Allheit der Dinge in | die Einheit des Begriffs oder der Seele der Dinge gesetzt ist, werden sie selbst Universa für sich, und der Substanz gleich.

CCV. Da die Bewegung in der Schwere ein Zeichen der Unselbstständigkeit des Einzelnen, oder davon ist, dass es sein Centrum nicht objectiv in sich selbst begreift, sondern ausser sich in andern Dingen hat (CXCIV.): so ist die Schwere in Ansehung der Dinge ihre ewige Centripetenz; das Lichtwesen dagegen ihre Centrifugenz; denn vermöge desselben ist der unendliche Begriff aller Dinge in ihnen selbst objectiv als Centrum gesetzt (CXCIV.).

CCVI. Wie das Wesen in der Schwere selbst nicht im Raum ist, sondern über allen Raum; so das Wesen des Lichts nicht in der Zeit, sondern über alle Zeit.

CCVII. Das Wesen des Lichts setzt alles Zeitliche als Ewigkeit, wie das Wesen in der Schwere alles Räumliche als Einheit setzt.

CCVIII. Die Schwere ist nur darum das Negirende alles Raumes, weil ihr Wesen das An-Sich, oder Positive alles Raumes; das Lichtwesen nur darum das Negirende aller Zeit, weil es das An-sich, oder Positive aller Zeit ist.

CCIX. Die Schwere ist nur darum das Setzende der Zeit, weil sie (CVI.) das Positive aller Zeit in das Einzelne setzt. So muss im Gegentheil das Lichtwesen in den Dingen den Raum setzen, aber nicht *als* den Raum, sondern das Positive alles Raums (CCV.), | das über allen Raum ist, und ihn in sich selbst enthält, wie das Universum, ohne in ihm zu seyn.

CCX. Die Natur ist ein stuffenweises (CCI.) Setzen des Positiven der Zeit in das Einzelne; eben darum erscheint sie selbst im Ganzen mehr unter der Form des Raumes beschlossen. Mit der vollendeten Einbildung des An-sich der Zeit in das Einzelne beginnt erst die Herrschaft der Zeit (in der Geschichte).

CCXI. Die Seele (CXCV.) ist in dem Einzelnen das Positive der Zeit eben so, wie das unendliche und allgegenwärtige Denken es im Ganzen ist (CCVIII.). Darum ist in der Seele die Zeitdurchdringende Kraft, Ahndung des Künftigen auch in den Thieren; das stete Wiederaufleben ihrer Einheit aus der Zeit und das alles in ihr selbst wieder als Ewigkeit setzende Bewusstseyn.

CCXII. Der Zeit, oder vielmehr der Bemerkung der Zeit, liegt nur der umgekehrte Gegensatz von demjenigen zum Grunde, welcher dem Raum zum Grunde liegt (CII. vergl. mit CVIII.). Beyde müssen darum die nämlichen Elemente in sich enthalten.

CCXIII. Die Zeit, in völligem Gegensatz mit dem Raum, wäre das Bejahende in der völligen Getrenntheit von dem Bejahten; da aber diese undenkbar ist: so ist auch in der Zeit selbst der völlige Gegensatz mit dem Raum unmöglich, und sie selbst muss den Raum begreifen, wie dieser (CXIV.) die Zeit begreift.

CCXIV. Das in der Zeit eigentlich Zeitliche ist die *Zukunft*. Denn die Zukunft ist das, wodurch das Bejahende mit seinem Bejahten, die Möglichkeit mit | ihrer Wirklichkeit verbunden wird; der Begriff derselben beruht also am meisten auf dem Gegensatz dieser beyden.

CCXV. Da aber die Zukunft, als *Zukunft*, lediglich denkbar, und offenbares Produkt blosser Imagination ist: so ist das, in dem Zeitlichen der Zeit (CCXIV.) einzig Reelle, eben nur das *Band* des Bejahenden mit dem Bejahten, d.h. das Nicht-Zeitliche. *)

CCXVI. Wie die innre *Einheit* der Dinge sich in dem Raum nur als Negation desselben, und damit alles *Seyns* und *Bestehens,* als stetes Vergehen der Dinge – reflektiren kann (CLXVIII.): so die *Ewigkeit* der Dinge in der Zeit nur als Negation der Zeit, und damit alles *Werdens* – als *Vergangenheit,* in der alle Zeit erloschen ist.

CCXVII. Die Vergangenheit ist die als *Raum* gesetzte Zeit, oder das Räumliche in der Zeit, und wie Zukunft nur die (einseitige) Synthese des Bejahenden mit dem Bejahten: so die Vergangenheit nur die (einseitige) Synthese des Bejahten mit seinem Bejahenden – die abstrakte oder unlebendige Ewigkeit.

CCXVIII. Die wahre Ewigkeit ist aber nicht die Ewigkeit im Gegensatz der Zeit, sondern die, die Zeit selbst begreifende und in sich *als* Ewigkeit setzende, Ewigkeit (CLXIX.) – nicht das Seyn im Ge|gensatz des Werdens, sondern das Seyn in der ewigen Einheit mit dem ewigen Werden.

CCXIX. Das wahrhaft Lebendige in der Zeit kann ebendarum nur in der Gegenwart, als der Einheit von Vergangenheit und Zukunft, Seyn und Werden, hervortreten, wie das eigentlich Reale im Raume nur die dritte Dimension als die Synthese der beyden ersten ist, (CXVII.).

CCXX. Nicht anders, denn die Zukunft, ist auch die Vergangenheit *als* die Vergangenheit bloss *denkbar* und lediglich Produkt der Imagination. In dem Realen, als solchen, ist so wenig Vergangenheit als Zukunft; aber auch in der Gegenwart ist nicht das Zeitliche, sondern das lebendige Band des Seyns und des Werdens, d.h. das Nichtzeitliche, (CCXVIII.) das einzig Reelle.

*) Eben so, wie das Reelle in der ersten Dimension des Raums nicht das Räumliche selbst ist, sondern das, in dem der Raum negirt ist, und so weit er in ihm negirt ist – die Masse. (CXVII.)

CCXXI. Die Zeit überhaupt daher hat, *als Zeit* nur Realität im abstrahirenden, d.h. vom Realen absehenden Denken.

CCXXII. Jedes Ding ist im Gegensatz der Zeit *actu* ewig, wie es im Gegensatz des Raums *actu* unendlich ist (CXXVII.).

CCXXIII. Das Zeitliche verhält sich zu dem Ewigen nicht anders, denn wie sich das Bejahte zur Bejahung *) verhält. Wie nun die Bejahung ohne das | Bejahte nicht seyn kann, und beyde

*) Um einer möglichen Verwirrung vorzubeugen, stehe hier folgende Erinnerung. – Das schlechthin und in jeder Beziehung Absolute, behaupten wir, sey die ewige Einheit des Prädicirenden und Prädicirten, *als Einheit* aufgefasst. Wir können nicht fragen: Wie entsteht das Bejahte? oder: Woher kommt es? denn es ist gleich ewig mit dem Bejahenden, so wie im Gegentheil dieses nicht, als solches, *seyn* könnte ohne das Bejahte. Das Seyn selbst, oder das eigentliche Ewige ist daher nur die absolute Nothwendigkeit, dass das Bejahende mit einem Bejahten, das Unendliche mit einem Endlichen, als Vorbild mit dem Gegenbild zumal da, und untrennbar verknüpft sey. Durch diese Nothwendigkeit und in und mit ihr *sind* erst beyde; sie selbst aber ist über beyde gleicherweise erhaben, als ihr Band oder Wesen. – Wir können nun aber (und diess ist der Punkt, auf den es hier ankommt) jene Einheit des Bejahenden und Bejahten entweder formell oder reell betrachten. Formell: indem das Bejahende = A mit dem Bejahten = B als Eins gesetzt wird; wobey aber von selbst einleuchtet, dass weder das A als A, noch das B als B je für sich hervortreten könne, da ja eben nur die Einheit beyder das Reelle ist. Mit andern Worten: A als A und B als B sind selbst nur formelle oder ideelle Faktoren. – Das reelle B ist selbst A in B gesetzt; das reelle A selbst B in A gesetzt. – A ist in B gesetzt, heisst: die Einheit von A und B ist selbst als bejaht gesetzt. B ist in A, heisst: die Einheit beyder ist selbst als bejahend gesetzt. So ewig das lebendige *Band* von A und B, eben so ewig und mit ihm zumal ist auch das aus A und B *Verbundne*. Das reelle *Bejahte* ist also das Verbundne von A und B; das reelle Bejahende das Band beyder oder die *Bejahung selbst*; und diess ist der Sinn dieser Worte in dem obigen Satz. – Alles, was von dem Verhältniss des Bejahenden und Bejahten in der formellen Bedeutung gilt, gilt auch von dem Verhältniss beyder in der reellen Bedeutung; Eins kann unmittelbar für das andre substituirt werden, wie sie Eins unmittelbar in das andre auflöst. – Wer mit den obigen Sätzen die Erläuterungen verbinden will, die in der *Darlegung des wahren Verhältnisses zwischen der Naturphilosophie und der Fichteschen Lehre*: ferner in der, der neuen Ausgabe der Schrift *von der Weltseele*, zugegebnen Abhandlung enthalten sind, dem kann wohl hier nichts Dunkles zurückbleiben.

nicht auf eine vorübergehende oder zufällige, sondern auf eine ewige | und nothwendige Weise zumal sind: so ist das Zeitliche mit dem Ewigen auf eine ewige Weise zumal, und dennoch selbst ewig.

CCXXIV. Wie ferner das Reale in dem Bejahten selbst nur das Bejahende ist: so das Positive im Zeitlichen selbst nur das Nichtzeitliche, nämlich das Ewige.

CCXXV. Das ewige und zeitliche Leben jedes Dings ist nur Ein und dasselbe Leben; und es giebt kein, numerisch, *andres* Leben ausser dem zeitlichen. Sondern dasselbe, das der Position nach das ewige ist, ist im Bejahten das zeitliche und umgekehrt.

CCXXVI. Nur dem All ist es wesentlich zu seyn, und nur durch das All den Dingen (159.). Die Dinge *sind* also nur in der Allheit; und diese ist das *Naturâ prius* derselben; oder: die Allheit muss immer schon *ganz* und *vollendet da seyn*, damit das Einzelne möglich und wirklich sey.

CCXXVII. Wird aber das Einzelne abstrahirt von dieser Allheit gesetzt, so entsteht ein nothwendiger Widerspruch. Denn da sie ihm nicht, der Idee nach, vorangehen soll, kraft der Abstraktion; und das Einzelne doch nur in ihr seyn kann: so muss dieses in die | Allheit zugleich aufgenommen, und auch nicht aufgenommen werden. Diesen Widerspruch kann die Imagination nur durch die Vermittlung einer unendlichen Reihe, d. h. überhaupt nicht auflösen. Das Abstrahirte wird mit einem andern Abstrahirten synthesirt, dieses wieder mit einem andern, welches der gleichen Verknüpfung bedarf u. s. f. (nachdem die untheilbare Einheit der Position einmal aufgehoben ist), in's Unendliche.

CCXXVIII. Die Vernunft aber setzt die unvermittelte und unfassbare Allheit mit Einem Schlage und nur *nach* ihr und *in* ihr die einzelnen Dinge.

CCXXIX. In dieser Allheit ist auch die Existenz jedes Dings eine schlechthin unbedingte, und durchaus untheilbare Existenz (Position); ewig, unangesehen aller Zeit.

CCXXX. In der Abstraktion von der Allheit aber schliesst das *Wesen* nicht unmittelbar auch das *Seyn* in sich (CCXXVI.); das Ding, (da es nun in der Allheit nothwendig ist), erscheint als ein solches, das seyn und auch nicht seyn könnte, d.h. als ein zufälliges; ferner als ein solches, dessen Existenz als grösser oder als kleiner bestimmt werden kann.

CCXXXI. Diese abstrakte Existenz, die, unbeschadet des Begriffs, als grösser oder kleiner bestimmt werden kann, heisst *Dauer*.

CCXXXII. Wäre aber das Positive der Dauer nicht selbst Ewigkeit, d.h. untheilbare Position von Unendlichkeit: so könnte nicht einmal eine Zeit ver|fliessen *)[35], wie jene lose Zeitverknüpfung der Dinge, welche die Abstraktion allein sieht, selbst unmöglich wäre, ohne die stete wirkliche Gegenwart des Ganzen.

CCXXXIII. Der Begriff der Dauer ist von dem der Ewigkeit *toto genere* verschieden, und die Dinge sind ewig, unangesehen der Dauer. Ihr Leben ist kurz, aber die Ewigkeit ist noch viel kürzer; denn sie ist im Augenblick die ganze (LXXXIII.); wie die Substanz auch im Punkte die ganze, und unendlich ist (CLIV.).

CCXXXIV. Auch unendliche Dauer, wäre sie denkbar, könnte die Ewigkeit nicht schaffen; ebendarum kann auch die kleinste Dauer die Ewigkeit nicht vernichten.

CCXXXV. Durch die Anwendung der Zeit auf das Universum entsteht ein unauflöslicher Widerstreit. Denn die Zeit beruht auf dem Gegensatz des Bejahenden mit dem Bejahten (CVIII.); im Universum aber ist das Bejahte schlechthin gleich und angemessen dem Bejahenden; es wird von diesem nicht

*) *Ubi quis durationem abstractè conceperit, nunquam poterit intelligere, qua ratione hora ex. gr. transire possit. Nam ut hora transeat, necesse erit, ejus dimidium prius transire et postea dimidium reliqui et deinde dimidium, quod hujus reliqui superest, et, si sic porro infinitè dimidium a reliquo subtrahas, nunquam ad finem horae pervenire poteris.* Spinoza *in Opp. posth. p. 468.*

übertroffen noch überschwellt; dasselbe, das als Identität ist, ist auch als Totalität.

CCXXXVI. Du willst das Universum als Allheit; | aber diese ist in der Zeit nur möglich, wenn das Universum der Zeit nach unendlich ist; aber nun ist die Einheit verloren. Du willst es als Einheit; aber diese ist in der Zeit nur möglich, indem es der Zeit nach endlich ist. Du hast nun die Einheit, aber die Allheit ist verloren.*)

CCXXXVII. Hätte die Welt je angefangen zu seyn, d.h. liesse sich ihr Seyn auf eine bestimmte Zeit, und die Verwandlungen und Bewegungen in ihr auf eine bestimmte Zahl zurückführen: so müsste behauptet werden, dass das Seyn nicht aus dem Wesen Gottes folge, d.h. die Idee Gottes selbst müsste aufgehoben werden. Denn das Seyn, d.h. eben das All, folgt eben so wesentlich aus der Idee Gottes, als aus der Idee des Dreiecks folgt, dass seine Winkel zusammen zweyen rechten gleichen.

CCXXXVIII. Hinwiederum aber, dass die Welt nicht angefangen habe und von einer endlosen Zeit her dauern müsse, könnte nur behauptet werden, indem nicht das Ganze als vorangehend den Theilen, sondern umgekehrt die Theile als vorangehend dem | Ganzen gedacht würden; wie auch die Erzeugung einer Linie endlose Zeit erforderte, nachdem man sie erst aus unendlich vielen Punkten zusammengesetzt gedacht hätte, welches alles die äusserste Ungereimtheit ist.

CCXXXIX. Nur das Ganze als das *Ganze* ist, und mit ihm die Theile; dieses aber hat eben so wenig angefangen als nicht angefangen; denn es übertrifft alle Zeit; es ist nicht von Ewigkeit her, sondern auf ewige Weise, wie die Wahrheit in dem

*) Bemerkenswerth ist, dass der gemeine Verstand sich in diesem Widerstreit in Ansehung des Raums jederzeit mehr für die Unendlichkeit (die Gränzenlosigkeit der Welt); in Ansehung der Zeit mehr für die Endlichkeit (einen Anfang der Welt) entschieden hat. Ebenso die öffentliche Religion. Auch dieser Entscheidung liegt der ursprüngliche Gegensatz von Raum und Zeit zum Grunde; dass in dieser nämlich die Einheit, in jenem die Unendlichkeit vorherrschend ist.

Gesetz der Identität nicht von unendlicher Zeit her, sondern, der Natur nach, ewig ist.

CCXL. Das Universum ist nicht erzeugt, denn alles Daseyn ist nur sein Daseyn; eben so wenig kann es untergehen, denn es ist nichts, in das es übergehen könnte, weil es selbst alles Seyn ist. Es kann nicht wachsen, noch abnehmen; denn das Unendliche kann nicht grösser und nicht kleiner werden. Es erleidet keinen Wechsel, weder einen, der von aussen bewirkt würde, denn es ist nichts ausser ihm, noch der aus ihm selbst entspränge, denn es ist alles, das es seyn kann, in der That und ohne Zeit zumal. Da also die Möglichkeit in ihm stets durch die Wirklichkeit erfüllt ist: so ist es in einer unsterblichen Ruhe, die aber nur die vollendete Fülle und unendliche Kraft seiner Selbstbejahung ist.

CCXLI. Das Wesen in der Schwere und das Wesen im Licht sind, in ihrer Trennung von einander, immer noch bloss ideale Faktoren der Natur; denn die schaffende Natur eint auch sie selbst wie|der (CLXXII.) und nichts Reales ist in der Natur, das bloss dem einen oder andern von beyden angehörte (ebend.)

CCXLII. Die *wirklichen* Potenzen in der Natur können sich ebendarum auch nicht bloss wie Schwere, Licht, und die Identität derselben verhalten; denn in allem Wirklichen ist das dreyfache Band beyder ausgedrückt.

CCXLIII. Die schaffende Natur als die lebendige Einheit von Licht und Schwere bejaht zuvörderst sich selbst schlechthin im Einzelnen und dieses ist die erste Potenz ihrer Bejahung = $A^{1.}$, in welcher Schwere, Licht und die Einheit beyder gemeinschaftlich der Schwere untergeordnet sind. Sie bejaht auch dieses ihr Bejahen wieder = $A^{2.}$, so dass Schwere, Licht und Identität beyder unter dem gemeinschaftlichen Exponenten des Lichts erscheinen. Beydes, das Seyn = $A^{1.}$ und die Position dieses Seyns = $A^{2.}$ wieder einigend = $A^{3.}$ offenbart sie sich selbst erst als die wahrhaft absolute Copula; und das Licht mit der Schwere erscheint untergeordnet dem gemeinsamen Band, in dem beyde ursprünglich eingeschlossen sind.

CCXLIV. Diese Folge der realen Potenzen stellt sich der Betrachtung dar – die erste als die allgemeine Metamorphose der Natur, oder als das erste Aufblühen der Dinge aus der Schwere; die andre als dynamisches Leben, als erste innre Verknüpfung der Dinge; die dritte als organisches Leben, als gleich vollkommne Entfaltung des innern und äussern Lebens. |

CCXLV. Die Betrachtung dieser realen Potenzen der Natur ist Gegenstand der speciellen Naturphilosophie.

ANHANG

Übersicht der Korrekturen Schellings zum Druck der *Aphorismen*

Druck	Korrektur
der **unendliche** Gott lebt (§ 14, S. 6, Z. 30)	der **unsterbliche** Gott lebt
mit so einfachen Zügen als mir damals **nöthig** schien (§ 20, S. 8, Z. 26)	mit so einfachen Zügen als mir damals **möglich** schien
oder die Idee von ihm wieder **eintheilen** kann (§ 48, S. 16, Z. 11)	oder die Idee von ihm wieder **mittheilen** kann
Wie **viel mehr** jeder das Licht (§ 48, S. 16, Z. 16)	Wie **vielmehr** jeder das Licht
Affirmirtseyn, **aber** in der Totalität angeschaut. (§ 71, S. 25, Z. 12)	Affirmirtseyn, **oder** in der Totalität angeschaut.
Perception **regiert** ist. (§ 72, S. 25, Z. 24)	Perception **negiert** ist.
auch ein subjectives, ein dem **Bewussten** ähnliches (§ 72, S. 26, Z. 8)	auch ein subjectives, ein dem **bewussten** ähnliches
Eine actuelle Unendlichkeit**,** **lautere** Selbstbejahung (§ 83, S. 30, Z. 25)	Eine actuelle Unendlichkeit **lauterer** Selbstbejahung
Das **Gott gleiche** All (§ 96, S. 33, Z. 28)	Das **Gottgleiche** All
das Besondre **nun** wirklich aufgenommen in die unendliche Bejahung (§ 103, s. 35, Z.14)	das Besondre **nur** wirklich aufgenommen in die unendliche Bejahung

Nichtseyn für sich (§ 115, S. 38, Z. 6)	**Nichts-seyn** für sich
Nichtseyn des Dinges (§ 116, S. 38, Z. 12)	**Nichts-seyn** des Dinges
gemischtes **Seyn.** (§ 117, S. 38, Z. 23)	gemischtes **seyn.**
zusammengeflossenen **Sinnbilder** (§ 122, S. 40, Z. 7)	zusammengeflossenen **Scheinbilder**
Scheinbilder, die**,** in der sichtbaren Welt durch besondere Verhältnisse entstehen**d**, (§ 140, S. 45, Z. 29–30)	Scheinbilder, die in der sichtbaren Welt durch besondere Verhältnisse entsteh**en**,
Compositum, zugleich (§ 152, S. 49, Z. 6)	Compositum, zugleich**;**
nich an sich (§ 153, S. 49, Z. 29)	nich**t** an sich
Die Einheit nämlich **zeigt** von Ewigkeit (§ 171, S. 54, Z. 7)	Die Einheit nämlich **zeugt** von Ewigkeit
das verworrene **Gegentheil** ihrer Einheit (§ 174, S. 54, Z. 29)	das verworrene **Gegenbild** ihrer Einheit
Die beyden **äussern** Punkte heissen Pole (Anm. beg. S. 66, 4), hier: 68, Z. 7)	Die beyden **äussersten** Punkte heissen Pole
jüdischen und christlichen Dreyeinigkeitslehre (Anm. beg. S. 69, hier: 70, Z. 33)	**indischen** und christlichen Dreyeinigkeitslehre
alles nichtig in Bezug auf sich selbst setzen (*Allgemeine Anmerkung*, S. 75, Z. 25)	**als** nichtig in Bezug auf sich selbst setzen
seiner eignen Abhandlung und der übrigen würdigen Mitarbeiter (*Allgemeine Anmerkung*, Anm. S. 81, hier: ebd., Z. 12)	seiner eignen Abhandlung**en** und der **der** übrigen würdigen Mitarbeiter

imponirende**m** Mysticismus (*Allgemeine Anmerkung,* Anm. S. 81, hier: ebd., Z. 31)	imponirende**n** Mysticismus
die mit den Wesenheiten gleich ewige Relation (*Allgemeine Anmerkung,* S. 82, Z. 9)	die mit den Wesenheiten gleich ewige**n** Relation**en**
Nichts der Dinge, als endlich existirende, (*Allgemeine Anmerkung,* S. 82, Z. 16)	Nichts der Dinge, als endlich existirende**r**,
Wahrscheinlich ein sehr empfehlungswerthes Accomodationssystem (*Allgemeine Anmerkung,* Anm beg. S. 81, hier: 82, Z. 27)	**Wahrlich** ein sehr empfehlungswerthes Accomodationssystem
Jener in **der** Dunkelheit des *Nichtseyenden* (*Allgemeine Anmerkung,* S. 87, Z. 19)	Jener in **die** Dunkelheit des *Nichtseyenden*

Corrigenda des Herausgebers

Druck	**Korrektur**
Ueber das Verhältniss des Skepticismus zur Philosophie und seine verschiedenen ***Modification: etc. en*** (Anm. S. 22, Z. 22)	*Ueber das Verhältniss des Skepticismus zur Philosophie und seine verschiedenen* ***Modificationen etc.***
endlich ausgedeht (§ 145, S. 47, Z. 15)	endlich ausgedeh**n**t
ist an sich selbs: (§ 206, S. 63, Z. 30)	ist an sich selbst
Die Differenz ist **reel** (Anm. beg. S. 69, hier: 70, Z. 27)	Die Differenz ist **reell**
Endurthel (*Allgemeine Anmerkung*, S. 84, Z. 8)	Endurtheil
Bestand der D nge (§ XV, S. 7, Z. 20)	Bestand der Dinge
Da das Seyn aller Wesen, wie sie in der Substanz in der That zumal vorhanden sind. Ein untheilbares ist, (S. 32, Z. 9)	Da das Seyn aller Wesen, wie sie in der Substanz in der That zumal vorhanden sind, Ein untheilbares ist,
B) *Von der Unendlichkeit* (S. 122, Z. 7)	B) *Von der Unendlichkeit*

Anmerkungen des Herausgebers

1 Schelling bezieht sich hier auf die von Winckelmann beschriebene in sich notwendige Abfolge vom ›älteren‹ zum ›hohen strengen‹ und schließlich zum ›schönen‹ Stil in der antiken Plastik. »Die Eigenschaften dieses ältern Stils waren unterdessen die Vorbereitungen zum hohen Stil der Kunst« (Johann Winckelmanns, Präsidents der Alterthümer zu Rom, und Scrittore der Vaticanischen Bibliothek [...] Geschichte der Kunst des Alterthums. Erster Theil. Dresden: Waltherische Hof-Buchhandlung 1764, S. 22). Vgl. a. diesen Aphorismus mit der folgenden Stelle in der *Philosophie der Kunst*: »Der alleräIteste Styl war, wie Winkelmann sagt, in der Zeichnung nachdrücklich aber hart, mächtig aber ohne Grazie, und so, daß der starke Ausdruck die Schönheit verminderte. Schon nach dieser Beschreibung, noch mehr aber durch den Anblick solcher Werke, z. B. geschnittener Steine dieser Zeit, ist offenbar, daß in ihnen das rein Nothwendige, die Strenge und Wahrheit das Herrschende war. Die Strenge, Bestimmtheit muß in allem Kunstbestreben der Anmuth vorangehen. Wir sehen, daß dieß der Fall in der Malerei gewesen ist, und daß die Meister, die das Zeitalter des Raphael gegründet haben, ihre Werke mit der größten Strenge und bis ins Kleine gehender Geduld ausgeführt haben. So mußte auch jener noch herbe Styl der Plastik vorangehen, ehe die süßen Früchte der Kunst reifen konnten.« (SW V/1, S. 609 f.)

2 Einer verbreiteten Legende zufolge soll sich dieser Spruch über dem Eingang von Platons Akademie befunden haben.

3 Darstellung meines Systems der Philosophie, in: Zeitschrift für spekulative Physik, Bd. II, H. 2 (1801), S. III–XIV u. S. 1–127.

4 Die gemeinhin auf Pythagoras zurückgeführte Wendung von der »Musik der Sphären« bezieht sich auf den harmonischen Einklang in der Bewegung der Himmelskörper.

5 Schelling verwendet hier eine Reihe von Anspielungen auf die *Odyssee*. Irus ist ein Bettler, dem Odysseus im 18. Gesang begegnet (nachdem Athene ihm selbst die Gestalt eines Bettlers verliehen hat) und mit dem es daraufhin zum Kampf kommt. Die Episode steht in unmittelbarem Zusammenhang mit dem Buhlen der Freier um Penelope, welche in dem berühmten Bogenkampf des 21. Gesangs gipfelt: Penelope verspricht demjenigen ihre Hand, der es schafft, mit dem Bogen ihres Gatten zwölf hintereinander aufgestellte Äxte (›Eisen‹) zu durchschie-

ßen. Ὅμηρος (Homeros) ist bekanntlich der sagenhafte Dichter der beiden Epen *Ilias* und *Odyssee*. Es ist möglich, dass Schelling hier indirekt auf die seinerzeit heftig diskutierte ›Homerische Frage‹ anspielt, also die Frage, ob wirklich von einem empirischen Dichter Homer als dem Schöpfer der beiden Epen auszugehen sei oder ob diese nicht vielmehr anonym entstanden waren und das Produkt mehrerer verschiedener Dichter darstellten. Für letzteres sprach sich der Altphilologe Friedrich August Wolf (1759–1824) aus, der 1795 eine Gesamtausgabe der homerischen Epen veröffentlichte, worin er auf detaillierter wissenschaftlicher Grundlage deren Entstehungsgeschichte zu rekonstruieren versuchte. Dass Schelling hier von Homer als dem ›einigenden Prinzip‹ spricht, lässt sich so verstehen, dass er möglicherweise Wolfs Befunden zuneigte, die Autorschaftszuschreibung aber als strukturierendes Prinzip verstand und so den inhaltlichen und ästhetischen Zusammenhang der Texte betonte.

6 Anm. K. F. A. Schellings in der Gesamtausgabe (1860): »Correktur im Handexemplar: Denn in der Selbstbejahung Gottes ist das Erkennende und Erkannte ein und dasselbe.«

7 [Gottlob Ernst Schulze,] Aphorismen über das Absolute. Von einem für dieses Mal ungenannten, aber nichts weniger als unbekannten Verfasser, in: Neues Museum der Philosophie und Litteratur, Bd. I, H. 2 (1803), S. 107–148; Verhältniss des Skepticismus zur Philosophie. Darstellung seiner verschiedenen Modificationen, und Vergleichung des neuesten mit dem alten (Kritik der theoretischen Philosophie von G. E. Schulze. 1. u. 2. Bd. Hamburg. Bohn. 1802), in: Kritisches Journal der Philosophie, Bd. I, H. 2 (1802), S. 1–74.

8 Der Ferneren Darstellung aus dem System der Philosophie Anderer Theil. Vom Herausgeber, in: Neue Zeitschrift für speculative Physik, Bd. I, H. 2 (1803), S. 3–180.

9 Lettre de Mr. Leibniz a Mr. Remond, Contenant des Remarques sur le Livre du Pere du Tertre contre le Pere Malebranche, Honover ce 4 de Novembre 1715, IV / Brief von Leibniz an Nicolas Remond de Montmort vom 4. November 1715, IV. Wiederabgedruckt in: G. W. Leibniz, Die philosophischen Schriften von Leibniz, hg. v. C. I. Gerhardt, Hildesheim 1965, Bd. 3, S. 656–660, hier: 658.

10 Schelling bezieht sich hier auf einen Ausdruck aus der *Monadologie* (§ 47): »et naissent pour ainsi dire par des Fulgurations continuelles de la Divinité de moment en moment, bornées par la receptivité de la creature, à la qvelle il est essentiel d'etre limitée.« (»und sie [die Monaden] entstehen gleichsam durch kontinuierliches Aufleuchten der Gottheit von

Augenblick zu Augenblick, begrenzt durch die Aufnahmefähigkeit des Geschöpfes, zu dessen Wesen es gehört, beschränkt zu sein.« Gottfried Wilhelm Leibniz, Monadologie, üb. u. hg. v. Hartmut Hecht, Stuttgart 2012, S. 36/37).

11 Vgl. den Brief Spinozas an Ehrenfried Walther von Tschirnhaus (LXXXI), in: Baruch de Spinoza, Briefwechsel, üb. u. hg. v. Wolfgang Bartuschat, S. 285: »Denn in dem ganzen Raum zwischen zwei Kreisen mit verschiedenen Mittelpunkten stellen wir uns eine doppelt so große Vielheit von Teilen vor als in dessen Hälfte, und doch ist die Anzahl der Teile sowohl im halben wie im ganzen Raum größer als jede angebbare Zahl.«

12 Vgl. § 13 der *Principes de la nature et de la grâce fondés en raison* (»Auf Vernunft gegründete Prinzipien der Natur und der Gnade«), § 13: »On pourroit connoître la beauté de l'univers dans chaque âme, si l'on pouvoit deplier tous ses replis qui ne se developpent sensiblement qu'avec le tems. Mais comme chaque perception distincte de l'Ame comprend une infinité de perceptions confuses, qui enveloppent tout l'univers; l'Ame même ne connoît les choses, dont elle a perception, qu'autant qu'elle en a des perceptions distinctes et relevées; et elle a de la perfection à mesure de ses perceptions distinctes.« (»Man könnte die Schönheit des Universums in jeder Seele erkennen, wenn man alle ihre Einfaltungen entfalten könnte, die sich merkbar nur mit der Zeit entwickeln. Weil aber jede deutliche Perzeption der Seele unendlich viele undeutliche Perzeptionen enthält, die das ganze Universum einhüllen, so erkennt die Seele selbst die Dinge, von denen sie eine Perzeption hat, nur insoweit, als sie davon deutliche und abgehobene Perzeptionen hat, und sie hat Vollkommenheit im Maß ihrer deutlichen Perzeptionen.« Gottfried Wilhelm Leibniz: Principes de la nature et de la grâce, in: ders., Monadologie und andere metaphysische Schriften, hg. u. üb. v. Ulrich Johannes Schneider, Hamburg ²2014 [2002], S. 152–173, hier: 166–168/167–169.).

13 Vgl. Monadologie, § 67: »Et chaqve portion de la matiere peut etre conçüe comme un jardin plein de plantes, et comme un Etang plein de poissons. Mais chaqve rameau de la plante, chaqve membre de l'animal, chaqve goutte de ses humeurs, est encore un tel jardin, ou un tel etang.« (»Jede Materiepartikel kann als ein Garten voller Pflanzen und ein Teich voller Fische aufgefaßt warden. Aber jeder Zweig der Pflanze, jedes Glied des Tieres, jeder Tropfen seiner Körpersäfte ist noch ein solcher Garten oder ein solcher Teich.« Leibniz, Monadologie, üb. v. Hartmut Hecht, S. 48/49).

14 Im Originaldruck fehlt 210.

15 Schelling nimmt hier Bezug auf C[arl] A[ugust] Eschenmayer, Die Philosophie in ihrem Uebergange zur Nichtphilosophie, Erlangen 1803, die den Bruch zwischen Schelling und Eschenmayer einleitete.

16 Vgl. Pred 7, 30 in der Lutherübersetzung: »Allein schaue das, ich habe gefunden, daß GOTT den Menschen hat aufrichtig gemacht; aber sie suchen viel Künste.«

17 Principium (identitatis) indiscernibilium = Prinzip (der Identität) des Ununterscheidbaren, dem zufolge es keine zwei vollkommen gleiche einzelne (individuelle) Dinge geben kann.

18 Der Ferneren Darstellung aus dem System der Philosophie Anderer Theil, s. o.

19 Es ist nicht ganz klar, auf welche Stelle sich Schelling hier genau bezieht. Im 10. Kapitel (*Über die Schöpfung*) des *Anhangs metaphysische Gedanken enthaltend zu Descartes Prinzipien der Philosophie in geometrischer Weise dargestellt* heißt es: »Ich bemerke hier: erstens, daß ich die Worte vermeide, welche die Philosophen gewöhnlich gebrauchen, nämlich: *aus nichts*, als wenn das Nichts der Stoff gewesen wäre, aus dem die Dinge hervorgebracht worden. Man spricht so, weil man, wo Dinge hervorgebracht werden, gewohnt ist, etwas vor ihnen anzunehmen, aus dem sie entstehen, und deshalb konnte man auch bei der Schöpfung dieses Wörtchen ›aus‹ nicht weglassen. Dasselbe begegnete ihnen bei der Materie; sie sahen, daß alle Körper an einem Orte sind und wieder von anderen Körpern umgeben sind, und deshalb fragten sie sich, wo der ganze Stoff sich befinde, und antworteten: in einem imaginären Raume. Deshalb ist es klar, daß jene *das Nichts* nicht als eine Verneinung aller Realität angesehen, sondern es selbst sich als etwas Wirkliches gedacht oder eingebildet haben.« (Baruch de Spinoza, Sämtliche philosophische Werke, hg. v. O. Baensch, A. Buchenau, O. Gebhardt, J. H. v. Kirchmann, C. Schaarschmidt, Bd. 2, Leipzig 1907, S. 149).

20 Mit dem »neuen Schulplan« ist der von Kajetan Weiller konzipierte und 1804 eingeführte Lehrplan für die bayerischen Gymnasien und Lyceen gemeint, der zwar nicht explizit gegen Schelling gerichtet war, in seinen Formulierungen aber wenig Zweifel an dieser Tatsache ließ. Vgl. für eine detaillierte Darstellung: Werner E. Gerabek, Friedrich Wilhelm Joseph Schelling und die Medizin der Romantik, Frankfurt am Main u. w. 1995, S. 194 f., insb. die Fn. 803–806.

21 Schelling spielt hier wahrscheinlich auf den Vorwurf an, den Jacobi gegenüber Fichte erhob, dass nämlich dessen System in letzter Konse-

quenz auf den Nihilismus hinauslaufe. Vgl. Jacobi an Fichte, Hamburg: Friedrich Perthes 1799, S. 30: »die Wurzel der Natur und aller Wesen wäre ein reines Nichts, und dieses große Geheimniß zu entdecken die letzte Absicht der Vernunft.«

22 Als von einem »Rechtshandel vor dem Gerichtshofe der Vernunft« spricht Kant in Bezug auf die leibnizsche Theodizee (vgl. Über das Misslingen aller Philosophischen Versuche in der Theodizee [1791], A 195). Die zweite Paraphrase (»Acten und das Endurtheil«) spielt möglicherweise auf eine Formulierung bei Mendelssohn an, für die eine genaue Stelle jedoch nicht ermittelt werden konnte.

23 »Malum est privatio entis« – es scheint sich hier um die verkürzte Wiedergabe zweier Stellen aus der lateinischen Übersetzung der *Théodicée* von Bartholomäus des Bosses (1668–1728) zu handeln. Auf den von Schelling angegebenen Seiten (Bd. 1, S. 141 u. 142) waren die Passagen zwar nicht zu finden. Vgl. allerdings Godofredi Guilielmi Leibnitii, Tentaminum Theodicaeae de Bonitate Dei Liberate Hominis et Origine Mali. Pars Secunda, [Frankfurt 1719], Index, M: »Malum [...] est privatio entis actio vero Dei ad aliquid positivum pertingit«, sowie Victor Philipp Gumposch, Thaddä Anselm Rixners Handbuch der Geschichte der Philosophie, Neue Ausgabe der zweiten Auflage mit Supplement, Bd. 3: Geschichte der Philosophie der neuern und neuesten Zeit, Sulzbach 1850, S. 175, der als Quelle der ersten Stelle Theodic. Part. I. § 30.31 angibt.

24 Schelling denkt wohl an die erstmals 1710 veröffentlichten *Essais de Théodicée*, wo Leibniz auf Kepler Bezug nehmend von einer »natürlichen Trägheit« (»inertie naturelle«) der Körper spricht.

25 In einem Brief an Louis Bourget vom Dezember 1714 äußerte sich Leibniz so: »Il auroit raison, s'il n'y avoit points de monades; alors tout, hors de Dieu, seroit passager et s'evanouiroit en simples accidens ou modifications, puisqu'il ny auroit point la base des substances dans les choses, laquelle consiste dans l'existence de Monades.« (Gottfried Wilhelm Leibniz, Die philosophischen Schriften, Bd. III, Hildesheim 2008, S. 575: »Er [Spinoza] hätte recht wenn es keine Monaden gäbe [...].«) Schelling griff die Formulierung z.B. auch in seinen Vorlesungen von 1842 auf.

26 Das lässt sich als Invektive gegen die Transzendentalphilosophie verstehen, da Kant, wie man weiß, in der *Kritik der reinen Vernunft* die Frage nach der Existenz Gottes für schlechterdings unentscheidbar erklärt hatte.

27 Bei der »Zweybrücker Ausgabe« handelt es sich um die 12-bändige Platon-Ausgabe von Dietrich Tiedemann, Dialogorum Platonis Argumenta exposita et illustrata, Zweybrücken (»Bipontina«) 1781–1786.

28 Diese Stelle besitzt, soweit zu ermitteln war, keine wörtliche Vorlage, spielt aber wohl auf Platon, Sophistes, 226 a ff., insb. 231 a–c an, wo Theaitetos und der Fremde die Schwierigkeit erörtern, die Mäeutik von der Sophistik abzugrenzen.

29 Vermutlich eine Anspielung auf Platon, Politeia 611 b–612 d, wo Sokrates die Seele mit einem »Meerungeheuer« vergleicht, das sich von »Muscheln, Seemos und Gestein« freimachen müsse. Auf analoge Weise müsse die Seele sich ihrer Herkunft erinnern, erst dann »würde man ihr wahres ursprüngliches Wesen sehen können«.

30 Mit den »beyden letzten Zweige[n]« sind die von Kant so genannten »zwei Stämme der menschlichen Erkenntnis« aus der *Einleitung* zur *Kritik der reinen Vernunft* (A 16) gemeint. Vgl. die Einleitung zu diesem Band.

31 Möglicherweise auch ein Komma. Letzteres überträgt K. F. A. Schelling (1860); der Herausgeber liest hier jedoch ein teilweise ausgeblasstes Semikolon.

32 »*quod in alio est, per quod etiam concipitur*« – vgl. Ethices Pars Prima, De Deo, Definitiones, V, in: B[aruch] d[e] S[pinoza], Opera Posthuma o.O. 1677: »Per modum intelligo substantiae affectiones, sive id, quod in alio est, per quod etiam concipitur.« (»Unter Modus verstehe ich die Affektionen einer Substanz, anders formuliert das, was in einem anderen ist, durch das es auch begriffen wird.« Baruch de Spinoza, Ethik in geometrischer Ordnung dargestellt, üb. u. hg. v. Wolfgang Bartuschat, Hamburg [3]2010, S. 5).

33 »*Deus est ree extensa*« – vgl. Ethices Pars Secunda, De Nature, & Origine Mentis, Propositio II, in: Opera Posthuma, S. 42: »Extensio attributum Dei est, sive Deus est res exensa.« (»Ausdehnung ist ein Attribut Gottes, anders formuliert, Gott ist ein ausgedehntes Ding.« Spinoza, Ethik in geometrischer Ordnung dargestellt, üb. v. Wolfgang Bartuschat, S. 105).

34 Epistola XXIX, Viro Doctissimo, atque Expertissimo, L. M. P. M. Q. D. B. D. S., in: S[pinoza], Opera Posthuma, S. 465–470. Wiederabgedruckt: Spinoza an Lodewijk Meyer [20. April 1663], in: Spinoza, Briefwechsel, üb. v. Wolfgang Bartuschat, S. 43–48.

35 Epistola XXIX, in: S[pinoza], Opera Posthuma, S. 468 (»Würde jemand die Dauer abstrakt denken, sie mit der Zeit verwechseln und

anfangen, sie in Teile zu zerlegen, könnte er niemals erkennen, wie es möglich ist, daß beispielsweise eine Stunde vergeht. Denn bei einem solchen Vorgehen muß zunächst die Hälfte der Stunde vergehen, dann die Hälfte des Restes und dann wieder die Hälfte dessen, was von dem Rest übrigbleibt, und wenn man dann weiter bis ins Unendliche den Rest vom vom Übrigbleibenden abziehen würde, könnte *man nie* bis ans Ende der Stunde kommen.« Spinoza an Lodewijk Meyer [20. April 1663], in: Spinoza, *Briefwechsel,* üb. v. Wolfgang Bartuschat, S. 46). Dieses Problem lehnt sich an das berühmte, Zenon von Elea (490–430 v. Chr.) zugeschriebene Paradoxon von Achilles und der Schildkröte an.

Namen- und Sachregister